V. BLASCO-IBAÑEZ

Ce que sera la République espagnole

Traduit de l'espagnol par Renée Lafont

PARIS

ERNEST FLAMMARION, ÉDITEUR

26, Rue Racine, 26

Ce que sera
la République Espagnole

DU MÊME AUTEUR

Chez le même éditeur :

ALPHONSE XIII DÉMASQUÉ. LA TERREUR MILITARISTE EN ESPAGNE (traduit par Jean Louvre).

LA CITÉ DES FUTAILLES roman (trad. par Renée Lafont).

LA TRAGÉDIE SUR LE LAC, roman (trad. par Renée Lafont).

LES MORTS COMMANDENT, roman (trad. par Berthe Delaunay).

CONTES ESPAGNOLS D'AMOUR ET DE MORT (trad. par F. Ménétrier).

Chez d'autres éditeurs :

TERRES MAUDITES, chez Calmann-Lévy (trad. par G. Hérelle).

FLEUR DE MAI, chez Calmann-Lévy (trad. par G. Hérelle).

DANS L'OMBRE DE LA CATHÉDRALE, chez Calmann-Lévy (trad. par G. Hérelle).

ARÈNES SANGLANTES, chez Calmann-Lévy (trad. par G. Hérelle).

LA HORDE, chez Calmann-Lévy (trad. par G. Hérelle).

LES QUATRE CAVALIERS DE L'APOCALYPSE, chez Calmann-Lévy (trad. par G. Hérelle).

L'INTRUS, chez Fasquelle (trad. par Renée Lafont).

LES ENNEMIS DE LA FEMME, chez Calmann-Lévy (trad. par A. de Bengoechea).

LA TENTATRICE, chez Calmann-Lévy (trad. par Jean Carayon).

MARE NOSTRUM, chez Calmann-Lévy (trad. par Marcel Thiébaut).

Sous presse :

LES QUATRE FILS D'ÈVE.

E. GREVIN — IMPRIMERIE DE LAGNY

V. BLASCO-IBAÑEZ

Ce que sera la République Espagnole

Traduit de l'espagnol par *RENÉE LAFONT*

PARIS
ERNEST FLAMMARION, ÉDITEUR
26, RUE RACINE, 26

I

Ce que sera la République espagnole

I

LE SPECTRE ROUGE ET LES MENSONGES DE LA PROPAGANDE MONARCHISTE

Ce qui fait que bien des Espagnols se résignent bassement à supporter la tyrannie qui pèse sur notre pays, c'est la crainte des désordres qui pourraient éventuellement se produire.

— Oui, cela va mal, — disent-ils. — Alphonse XIII et les généraux perpétuellement vaincus du Directoire ne valent pas grand'chose, mais, s'ils s'en vont, qu'arrivera-t-il ?

La propagande des monarchistes, menteuse et illogique, exploite la crédulité des esprits simples en leur parlant sans cesse du bolchevisme russe, pour les effrayer. Rien de plus absurde que le dilemme constamment posé par eux.

— Tu dois soutenir la monarchie, — disent-ils au pays, — Alphonse XIII et Primo de Rivera représentent l'ordre et la tranquillité. N'écoute pas les révolutionnaires, quand, de Paris, ils affirment que le roi te ruine en t'extorquant cinq millions par jour pour l'affaire du Maroc ou qu'il fait périr des milliers de citoyens dans une guerre qu'il a provoquée, pour s'amuser, comme l'enfant qui joue avec des soldats de plomb. Songe que, si la monarchie s'écroule, les bolcheviks viendront te voler tout ce qui t'appartient.

Et les ignorants, les pauvres d'esprit, bien qu'ils ne soient nullement enthousiastes du régime actuel, désirent qu'il se prolonge, s'imaginant qu'avec lui ils sont sûrs de conserver leur maison, leur table, leur lit, de ne voir ni troubler la paix de leur famille ni partager leurs biens.

Quant aux Espagnols des hautes classes, quelques-uns d'entre eux croient que si ce comédien d'Alphonse XIII disparaissait, ils seraient réduits à demander l'aumône sur les boulevards de Paris, comme les anciens grands seigneurs russes, et c'est pourquoi ils soutiennent le roi, quoiqu'ils connaissent son goût pour le mensonge, sa légèreté et l'audace avec laquelle il abuse de son pouvoir pour brasser des affaires.

Une pareille propagande, faite d'impostures, ne peut réussir que dans le pays des illettrés en redingote, les plus redoutables des ignorants. Ailleurs les gens s'indigneraient contre les misérables qui osent débiter de telles faussetés ; ils y verraient un outrage à la dignité de leur intelligence. Non ; détrôner un roi dangereux comme

Alphonse XIII, ce n'est nullement condamner le pays à tomber dans l'anarchie ou dans le communisme.

Dans le monde entier, il n'y a actuellement qu'un pays où règne le communisme, c'est la Russie, et l'efficacité des mesures prises par le communisme russe est quelque peu contestable ; car jusqu'à présent, la seule œuvre positive et durable des Soviets, a été de donner la terre à ceux qui la cultivent, et ainsi les ennemis de la propriété ont créé huit ou dix millions de nouveaux propriétaires. Il n'y a, je le répète, qu'un pays communiste, représentant de l'extrémisme rouge ; quant aux pays soumis à un régime anti-constitutionnel, dictatorial et tyrannique, représentant de l'extrémisme noir, ils ne sont que deux, l'Italie et l'Espagne. Dans le reste du monde civilisé, ce qu'on trouve, ce sont des républiques par douzaines et aussi quelques monarchies où le régime libéral est indestructible, et où les rois doivent leur couronne à une révolution et non à des traditions de momies, comme en Angleterre, en Belgique, etc.

Pourquoi, si nous détrônons Alphonse XIII, serions-nous condamnés à tomber immédiatement, par une loi fatale, dans le communisme ? Sommes-nous donc d'une autre essence que le reste des hommes, plus barbares qu'eux tous, incapables de nous régénérer, et ne pourrions-nous pas à notre tour faire ce qu'ont fait de l'autre côté de l'Océan les descendants des Espagnols en fondant des républiques dont la plupart sont amies du progrès et florissantes ?... Depuis la dernière guerre européenne, dans l'espace de sept ans, cinq empereurs et vingt rois ont été renversés, sans que les pays où ils régnaient soient tombés dans le communisme. Valons-nous donc moins que les peuples de l'Europe centrale et que d'autres peuples, entrés depuis peu dans l'histoire, qui viennent d'imiter, en fondant des républiques, le bel exemple donné par les États-Unis, par la France et par d'autres nations démocratiques qui exercent une influence toute-puissante sur la vie contemporaine ?

Oui, l'Espagne peut vivre sans rois, elle peut se constituer en république, sans que ce changement fasse courir aucun risque à notre organisation économique ou sociale, sans qu'il ébranle ces fondements profonds et invisibles du pays, qui subsistent quand même, quelles que soient les variations du régime politique.

Combattre cette propagande menteuse du roi et du Directoire, qui sont forcés d'effrayer le peuple espagnol par l'épouvantail du communisme, pour qu'il se tienne tranquille et les laisse prolonger leur tyrannie et continuer à brasser des affaires, tel est l'objet de ces lignes. Ce n'est pas là un manifeste de parti, formulé avec cette solennité dogmatique et obscure qu'ont, la plupart du temps, les documents de ce genre. C'est simple-

ment la déclaration d'un écrivain qui a beaucoup
voyagé et a étudié les progrès politiques des prin-
cipales nations du monde, d'un Espagnol qui
aime sa patrie, et dont les efforts désintéressés ont
fait plus pour rehausser à l'étranger le prestige
de son pays que les exploiteurs qui le gouvernent
actuellement, et que les journalistes impudents
qui, pour les flatter, mentent sciemment, comme
des malfaiteurs, toutes les fois qu'ils parlent de
moi.

Je désire la disparition de la monarchie, parce
que je déplore la décadence présente de mon
pays, résultat inévitable de la mauvaise éducation
que les rois lui ont donnée à dessein ; et c'est à
cette entreprise patriotique que je consacrerai le
reste de ma vie et tout l'argent que ma plume
m'a fait gagner.

Pour que nous triomphions, il ne suffit pas
que notre œuvre soit négative et se borne à dé-
molir ce qui existe ; il faut des affirmations posi-
tives, pour que la pauvre Espagne, égarée par ses
mauvais bergers, sache ce qu'est l'organisation
qui peut remplacer avantageusement la monarchie. Et moi, simple citoyen espagnol, je prends
la parole pour dire « ce que sera », selon moi,
« la République espagnole », en m'adressant suc-
cessivement aux diverses classes qui forment la
population de mon pays.

II

A L'ARMÉE

La fausseté que débitent le plus souvent les monarchistes, consiste à prétendre que nous avons contre l'armée la haine d'ennemis irréconciliables.

Pur mensonge ! Pour mon compte, je puis dire que pendant mes voyages j'ai étudié spécialement dans les diverses républiques les armées, aujourd'hui victorieuses, qui sont les plus amies du progrès et les plus sympathiques. Je veux pour l'Espagne une armée moins nombreuse et mieux organisée que celle de maintenant, une armée digne de ce nom, comme celle de la France, celle des États-Unis, celle de la Suisse, par exemple, qui serve à défendre la patrie, et non à l'opprimer, qui inspire aux Espagnols de l'affection, et non de la crainte ou une répulsion cachée, qui soit en outre une armée de vrais combattants, commandée par des officiers compétents, au courant des derniers progrès de l'art militaire, et non une multitude en uniforme, mal organisée, coûtant cher, bonne simplement pour maintenir dans l'esclavage par la force brutale la nation, qui, grâce à elle, ne mérite pas de figurer parmi les peuples régis par un gouvernement constitutionnel.

J'ai dit dans ma brochure intitulée « *Alphonse XIII démasqué. La terreur militariste en Espagne* », que l'Espagne n'a pas, comme les pays démocratiques, une armée véritable, et que l'armée qu'elle entretient est une espèce de gendarmerie au service du roi. Je maintiens mon affirmation. Cette critique s'adresse à l'institution militaire telle que l'a faite la monarchie, et non à ceux qui composent l'armée.

Les officiers espagnols qui ont voyagé ou à qui leurs lectures ont donné une idée plus ou moins complète de ce qui se passe dans le reste du monde, se lamentent, comme moi, sur les défauts essentiels et sur l'impuissance d'une armée dont la valeur réelle n'est nullement proportionnée à son importance numérique, et qui absorbe inutilement la plus grande partie des ressources du pays. Les déplorables défaites que nous ne cessons de subir au Maroc, me dispensent d'insister à cet égard. Il est impossible d'échouer plus complètement que ne fait le haut commandement, tandis que les subalternes, officiers et soldats, se signalent par leur esprit de sacrifice et par leurs traits d'abnégation héroïque. Cette armée, création d'Alphonse XIII et des généraux, ses favoris, rappelle ce que fut celle de Napoléon III dans les premiers mois de la guerre de 1870, armée qui, allant de défaite en défaite, malgré sa vaillance, mérita d'être appelée « une armée de lions commandée par des ânes ».

Il y a dans notre armée quelques bons généraux, mais, comme ils n'ont pas figuré parmi les courtisans, et qu'ils doivent leur avancement à leur labeur plus qu'à leurs flatteries, le roi les laisse injustement à l'arrière-plan, et, si parfois il recherche leur appui, ce n'est que pour les tromper.

Dans la guerre du Maroc, nous avons eu quelques généraux habiles dont j'ai entendu faire l'éloge par d'illustres officiers français. Peut-être est-ce à cause de leurs talents mêmes qu'ils vivent maintenant oubliés en Espagne, au lieu d'être en Afrique. Je ne veux pas citer leurs noms ; il suffirait que je le fisse pour qu'ils fussent persécutés ; mais leur disgrâce montre qu'Alphonse XIII ne peut supporter autour de lui des généraux sérieux, travailleurs et compétents. Il n'accepte dans son entourage que des chefs noceurs, hableurs et farceurs, dont le niveau intellectuel est plus ou moins pareil au sien.

Primo de Rivera, qui n'a jamais été qu'un chef subalterne, s'est érigé en grand stratège et s'est assuré la gloire, que nul ne pourra lui contester, d'être le général le plus battu qu'on trouve dans toute l'histoire de l'Espagne.

Notre pays, comme tous les autres, a eu des généraux qui ont été battus, mais, vaincus, ils ont fait retraite en luttant tenacement ou sont morts héroïquement sur le champ de bataille. Le *Grand Capitaine* du règne d'Alphonse XIII, qui prétend mériter aujourd'hui ce surnom donné autrefois à Gonzalve de Cordoue, notre Miguelito de Jerez a inventé une nouvelle tactique, c'est de donner aux Maures de l'argent pour qu'ils le laissent se replier tranquillement, et, par-dessus le marché, à titre de cadeau, des fusils et du matériel de guerre de toute espèce dont ils se servent pour continuer à attaquer nos soldats. Et, quand il revient en Espagne, il y a des gens qui vont à sa rencontre et lui jettent des fleurs, ou qui organisent, pour fêter son triomphe, des processions de maires de campagnes et d'autres réjouissances avec des figurants grossiers comme les hommes de l'âge de pierre. Le reste du monde regarde avec stupeur de telles manifestations, qu'il appelle ironiquement « *cosas de España* », et se demande si nous sommes encore une nation ou si notre pays n'est plus qu'une maison de fous.

La République espagnole ne se montrera pas l'ennemie de l'armée : loin de là, elle aspire à créer une armée nationale, la première qui aura existé dans notre histoire. Jusqu'ici, sauf quand le peuple s'est armé pour défendre l'intégrité du territoire et l'indépendance de la patrie, l'armée espagnole a été au service, non de l'Espagne, mais de la monarchie. Quand ses généraux invoquent le nom de la patrie, ils ne le font jamais sans invoquer en même temps le nom du roi, et souvent c'est ce dernier nom qu'ils prononcent le premier, comme si c'était le plus important des deux. Le peuple, qui devine instinctivement la vérité, donne une définition logique du service militaire, quand ses enfants sont appelés sous les drapeaux : rarement il dit qu'un soldat sert la patrie, mais affirme toujours qu'il sert le roi.

Comme la République espagnole ne sera pas dirigée par des comédiens comme Alphonse XIII, changeant d'uniforme une demi-douzaine de fois par jour et se croyant des généraux de génie, elle ne sera point tentée de guerroyer. Son armée et sa marine serviront à défendre le territoire, s'il est envahi, éventualité de jour en jour moins probable, et à soutenir les gouvernements démocratiques, institués par le suffrage universel en toute liberté, au lieu d'être imposés par la force brutale ou par l'arme de la corruption.

Cette armée nouvelle aura, comme celle des États-Unis, une organisation élastique. S'il faut soutenir une guerre nationale, nous y entrerons tous, et nous nous joindrons aux soldats de mé-

tier. En temps de paix, ce sera une armée ma-
nœuvrière ; on la verra dans la campagne plus
que dans les villes, s'exerçant à toute heure et
expérimentant les derniers progrès réalisés dans
d'autres pays.

Ce sera une armée de soldats jeunes, instruits,
respectant la loi, qui est la manifestation la plus
sacrée de la patrie, et perpétuellement avide d'apprendre. Vingt ans de république suffiront pour
que disparaisse le militaire noceur et ignorant,
dédaignant instinctivement les civils, n'embras-
sant dans son intelligence qu'un horizon borné,
habile stratégiste uniquement au Cercle de la
ville dans ses parties de cartes ou de dominos.
Ce type de militaire a existé dans d'autres pays,
mais il y a bien des années, peut-être près d'un
siècle, et aujourd'hui, quand des officiers étrangers visitent l'Espagne ou par hasard le rencontrent ailleurs, ils le considèrent d'un œil
curieux et moqueur, comme s'ils voyaient une
espèce de fossile.

Il y a incontestablement dans notre pays deux
armées d'un esprit différent, comme il existe
deux Espagnes. D'un côté, c'est l'Espagne sta-
tionnaire, amie des mesures barbares, qui, lorsqu'on lui jette à la face la décadence du pays,
croit se justifier en criant : « Vive l'Espagne ! » ;
c'est l'Espagne d'Alphonse XIII, celle de Miguelito, celle qui installe les jésuites dans les centres
d'enseignement, celle qui a été germanophile

pendant la guerre européenne. De l'autre côté, c'est notre Espagne, celle de l'avenir, celle de la république future, la seule qu'on respecte à l'étranger comme une source d'espérance consolatrice, la seule que ne raillent point les intellectuels dans le reste du monde.

Je m'adresse aux militaires des armées de terre et de mer qui font partie de cette Espagne, la nôtre, hommes d'honneur, vrais patriotes qui ne peuvent voir avec indifférence les hontes du pays, et qui estiment que le cri de « Vive l'Espagne » doit être complété par ces deux mots « sans tache ». Tel fut le cri de Prim et des autres généraux et amiraux, ses compagnons, qui valaient mieux, j'imagine, que ceux du Directoire. Dans notre pays, l'armée a été souvent au service de la réaction, mais il serait injuste de ne pas reconnaître que l'armée et la marine ont défendu le plus souvent la cause de la liberté. Riego en 1820 et Prim en 1868 personnifient les deux mouvements qui ont le plus contribué à notre progrès politique.

Maintenant l'armée espagnole, corrompue par Alphonse XIII et par les généraux toujours battus du Directoire, a renié ses traditions, et a une attitude qui est antipathique au monde entier. La nation et l'armée doivent se confondre et être unies par une affection mutuelle ; actuellement elles se haïssent et l'une opprime l'autre. Le peuple ne peut aimer une armée qui le dépouille de ses libertés. C'est là ce que doivent se rappeler constamment les Espagnols de bonne volonté qui portent l'uniforme.

Les généraux d'une indiscutable compétence à qui j'ai fait allusion plus haut, ne doivent pas plus longtemps se borner à une protestation passive. Une telle conduite est une espèce de suicide moral ; ils ruinent par là pour toujours leur réputation. L'histoire ne voudra jamais croire à leur mérite, s'ils continuent de se soumettre comme des subalternes à la dictature du plus incompétent des militaires, simplement parce qu'il est protégé par le plus incompétent des rois.

Il est honteux pour des chefs qui ont un passé pur et glorieux, de soutenir par leur silence celui dont le seul titre est la renommée de son oncle, celui qui, il y a deux ans, n'était qu'un officier quelconque, remarquable uniquement par ses exploits de buveur et de débauché, et qui maintenant, s'étant improvisé stratège, achète la complicité des ennemis, pour qu'ils n'inquiètent point sa retraite. S'ils persistent dans leur attitude, on mettra plus tard ces généraux au-dessous du Primo toujours battu.

Il est nécessaire, pour que l'armée et la marine ne perdent point tout prestige, que les hommes de guerre, ennemis de la courtisanerie, qui entendent servir l'Espagne et non le roi, réparent le crime de lèse-nation commis par le petit-fils de Ferdinand VII et par sa bande de généraux jouisseurs, coupables d'avoir en 1923 fait revivre hypocritement l'absolutisme. Ils doivent se révolter contre le régime existant, avec la certitude que c'est là un acte patriotique.

Pour eux, à l'heure actuelle, la discipline militaire ne doit pas avoir plus d'autorité que le Code pénal, quand il interdit le meurtre à un homme d'honneur en tout état de cause. Si l'homme d'honneur rencontre dans la rue un voleur qui est en train d'étrangler un passant pour le dépouiller, il oublie les prescriptions du Code, et, tombant sur le bandit, il le tue, si c'est nécessaire, au nom d'une morale supérieure à la loi écrite.

Vous, Espagnols, qui représentez la force armée au service de la nation, défendez la nation qu'étranglent et dépouillent de ses droits des généraux dignes du bagne, pendant qu'Alphonse XIII joue le rôle du complice qui se poste au coin de la rue pour tromper et arrêter par ses mensonges ceux qui veulent courir au secours de la victime.

Marchez contre eux, convaincus qu'en le faisant vous servez votre patrie.

Ce sont eux qui vous ont donné l'exemple en violant la discipline pour détruire le régime libéral. Vous, en la violant pour le rétablir, vous représenterez la légalité. En revanche, si vous demeuriez indifférents, vous les aideriez par votre apathie à consommer l'assassinat de la nation.

Venez à la République, sans craindre qu'elle soit déloyale à votre égard. La République espagnole a besoin d'être soutenue par une force armée, comme l'homme a besoin pour vivre de respirer, de se nourrir et de se vêtir.

Nous savons qu'elle sera obligée de se défendre contre bien des embûches. Toutes les républiques ont dû pendant leur jeunesse se tenir sur la défensive, et la République espagnole aura à subir des attaques plus redoutables et plus fréquentes encore ; car l'ignorance des uns et la méchanceté des autres, entretenues pendant des siècles par la monarchie, seront des matériaux qu'on exploitera pour susciter des obstacles au nouveau régime démocratique.

La ferme volonté de défendre la République que nous avons, nous autres républicains, est la meilleure garantie que puisse avoir la future armée nationale.

Beaucoup d'ignorants s'imaginent que la République espagnole va ouvrir une ère d'anarchie, de désordre perpétuel, où tous agiront au gré de leurs caprices, où le régime républicain sera discrédité par la violence de faux apôtres et d'agitateurs payés, si bien que, quelque temps après, la monarchie pourra être rétablie avec un caractère encore plus despotique. Ils se trompent. La République espagnole sera guidée par un idéalisme généreux, mais sans perdre de vue pour cela les exigences de la réalité immédiate. Elle respectera les droits individuels, parmi lesquels figure le droit de propriété, elle laissera à la pensée exprimée par la parole ou dans des écrits le libre et vaste champ que celle-ci est digne d'avoir, mais, si ses ennemis tentent de l'assassiner, elle fera appel à son armée républicaine, à sa marine, comme font les démocraties en France, aux États-Unis et ailleurs.

Peut-être, quand, après bien des siècles, se seront effacées chez les hommes les dernières traces de l'animalité primitive, vivront-ils en paix, sans batailler autrement que par la parole dans une calme discussion, mais, en attendant que ce moment arrive (et il n'est pas près d'arriver), la force armée est nécessaire pour défendre et faire respecter les lois librement votées par des majorités démocratiques. Comprenant cette nécessité absolue, la République espagnole aura son armée qu'elle aimera avec toute la tendresse qu'une mère a pour une fille respectueuse, incapable de commettre un attentat contre elle.

Militaires espagnols ! L'existence de la République implique celle d'une armée de terre et d'une marine ouvertes aux idées modernes, marchant d'accord avec le pays, aimées de tous les citoyens, où il n'y aura plus de favoritisme, d'intrigants comme les Primo de Rivera, oncle et neveu, où le mérite donnera accès à tous les grades, qui se consacrera à servir la patrie, non à soutenir un roi mannequin, grand porteur d'uniformes.

Chargez vos fusils, dégainez vos épées pour fonder la République, sans craindre qu'elle vous oublie ensuite. Faites pour elle ce que fit Riego pour le régime constitutionnel, ce que firent Prim et ses compagnons pour « l'Espagne sans tache », quand ils chassèrent la grand'mère d'Alphonse XIII, digne représentante de ce qu'on a appelé une race fatale, la race des Bourbons.

III

AUX CONTRIBUABLES

La monarchie, craignant d'être renversée, fait
continuellement appel aux « hommes d'ordre »,
en particulier aux propriétaires et aux posses-
seurs de fonds d'État. Elle a tout avantage à ré-
pandre cette idée que, si le roi disparaît, tous
ceux que font vivre les ressources du budget, per-
dront la sécurité et la tranquillité dont ils jouissent maintenant.

C'est là un mensonge de plus que propage la
monarchie. La vérité est juste le contraire ; car
seule la République espagnole peut sauver les
rentiers de la ruine immédiate qui les menace.

Une nation ne peut supporter les charges que
lui imposent les rentes à payer, que si les dépenses
correspondant au service de la dette publique
n'excèdent point la part des recettes qui doit y
être légitimement consacrée. Si cette limite est

dépassée et si le paiement des intérêts de la dette
nationale menace d'absorber les recettes affectées
à d'autres services sans lesquels un État ne peut
vivre, l'Administration des Finances essaie de
résoudre le problème en cherchant d'autres
moyens de se procurer l'argent nécessaire pour
subvenir aux besoins de l'État. Ces moyens sont
au nombre de deux : augmentation des contri-
butions et des impôts, et accroissement de la circulation fiduciaire.

La monarchie recourt maintenant à ces deux
expédients, et la classe moyenne en pâtit plus
que le reste de la nation. L'augmentation des
impôts pèse spécialement sur les petits rentiers,
parce que le régime monarchique est un régime
de favoritisme qui protège les riches pour s'assurer l'appui de leur influence. L'effet immédiat
que l'augmentation des impôts et des contribu-
tions produit sur la consommation, est de faire
monter le prix des choses, et la classe des rentiers, qui a vu ses ressources réduites par l'augmentation des impôts frappant ses valeurs, voit
en même temps diminuer le pouvoir d'achat des
rentes qu'elle touche, en raison de l'accroissement général du coût de la vie.

Les industriels, les commerçants et les ouvriers
disposent, pour se défendre, d'armes écono-
miques que n'ont pas les rentiers, non plus que
ceux qui exercent des professions libérales. Les
industriels et les commerçants peuvent augmen-

ter leurs prix, à mesure qu'augmente la cherté de la vie ; les ouvriers exigent de plus forts salaires, pour qu'ils soient en rapport avec la hausse des denrées alimentaires.

Le rentier n'a pas ces moyens de défense et il voit sa situation empirer rapidement. Les rentes qui, il y a quelques années, lui permettaient de vivre dans l'aisance, ne lui suffisent plus maintenant pour satisfaire aux besoins les plus pressants de la vie.

L'employé, le médecin, l'avocat, etc., dont les traitements et les honoraires ne sont pas soumis à la loi de l'offre et de la demande, présentent toujours trop tard leurs réclamations. Quand ils réussissent à gagner davantage, une nouvelle augmentation du coût de la vie a déjà rendu cette amélioration illusoire.

D'autre part les hautes classes de la société se voient obligées de restreindre leurs dépenses, et les artistes, que seules elles font vivre avec leur superflu, parce que les arts sont en général un article de luxe, subissent également les conséquences de ce nouvel état de choses.

Une Administration des Finances républicaine, s'inspirant vraiment de l'intérêt du pays, peut remédier à cette mauvaise situation, en faisant des économies et en réduisant considérablement les dépenses. La monarchie espagnole ne peut faire d'économie; tout au contraire elle augmente chaque année son gaspillage.

Les mauvais gouvernements, quand ils se trouvent dans l'embarras, recourent à un expédient qui est pour eux la planche de salut ; ils font travailler à outrance la presse à billets ; mais cette inflation qui ne repose sur rien de réel, ce remède passager, amène la dépréciation de la monnaie, la hausse énorme des prix et la cherté de la vie.

Il faut porter notre attention, bien que la matière soit quelque peu aride, sur le désastre économique qu'a subi notre patrie pendant ces dernières années, en d'autres termes, depuis que l'éternel gamin que l'Espagne se résigne à laisser sur le trône, fatigué de se déguiser en clown pour jouer au polo ou pour prendre part à des courses d'automobiles, a eu l'idée de faire le général et de nous engager dans la terrible et inutile aventure du Maroc.

Dans les premières années du xxe siècle, le budget se soldait par un excédent de recettes, depuis la réforme énergique opérée par Villaverde, peu après la perte de nos colonies. A partir de 1909, il commence à être en déficit, et cela devient une maladie chronique, dont le dénouement sera fatal, si la situation actuelle se prolonge. Il a fallu faire de gros emprunts en 1917 et en 1918 pour rembourser la dette flottante, mais la continuation du déficit, dont sont responsables Alphonse XIII et la stupide aventure du Maroc, a rendu nécessaire une émission inces-

sante de bons du Trésor, si bien que le montant
de la dette flottante a atteint la somme fabuleuse
de 4 milliards 325 millions de pesetas. La dette
publique depuis 1910, en d'autres termes, dans
l'espace de quatorze ans, s'est accrue d'environ
7 milliards de pesetas, et cette augmentation a
pour cause principale les dépenses énormes de
la guerre du Maroc, entreprise qui favorise le vol
et le gaspillage.

La dette de l'Espagne n'est pas en proportion
avec les ressources dont dispose l'administration
des Finances. Dans un budget où le montant des
recettes n'atteint pas 3 milliards, plus de 730 millions sont destinés à payer les intérêts de la dette.
Si à cette somme on ajoute les sommes considérables que coûte la guerre du Maroc, il ne reste
que peu de millions pour remplir les autres obli-
gations de l'État.

La ruine du pays nous attend à bref délai, si le
régime monarchique se maintient. La dette con-
tinuera à grossir, tant que nous n'abandonne-
rons pas le Maroc. L'abandonner ! C'est ce que ne
veut à aucun prix Alphonse XIII, qui a trans-
formé en croisade une simple entreprise de pro-
tectorat, excitant ainsi l'ardeur religieuse des Ma-
rocains. Ceux-ci considèrent comme une guerre
sainte la guerre contre notre malheureux pays,
que la monarchie, par l'éducation qu'elle lui a
donnée, a rendu incapable d'avoir pour les
croyances des autres hommes le respect qu'ont

toujours eu dans leurs colonies la France, l'Angleterre et la Hollande.

A l'abandon du Maroc, s'opposent aussi les militaristes espagnols (il ne faut pas confondre les militaristes avec l'armée), et un corps de généraux plus nombreux que celui qui dirigeait l'armée de Guillaume II, quand elle a combattu contre le monde entier.

La solution de Primo de Rivera, qui entend établir une nouvelle ligne de défense pour s'y tenir sur la défensive, ne diminuera pas d'un centime les dépenses nécessitées par cette lutte stérile et odieuse. Les techniciens militaires qui connaissent à fond le problème marocain, observent que la ligne imaginée par Primo de Rivera est plus étendue que celle qui existait auparavant et qu'il faudra des forces plus considérables pour la défendre.

Ce général invincible et son protecteur et complice Alphonse XIII, après avoir enrichi les Maures en leur distribuant l'argent du peuple espagnol, après les avoir équipés à la moderne en leur faisant cadeau de milliers de fusils à tir rapide, après les avoir enhardis en préparant leur propre défaite par leur ineptie et leur outrecuidance pédante, croient que la nouvelle ligne de défense pourra arrêter Abd el Krim et ses intelligents Kabyles, qui voient une affaire bonne entre toutes dans la guerre contre l'Espagne monarchique, puisque celle-ci ne veut pas évacuer le théâtre de ses défaites. Quelle illusion !

Le Directoire a parlé d'économies, mais ce n'est là qu'un vain bavardage, digne de Miguelito. Les seules réformes qu'on lui ait vu opérer, nous font perdre des sommes considérables. S'érigeant en habiles diplomates, pour que les autres nations ne ressentent point pour le roi et pour ses collaborateurs le mépris qu'ils méritent, les hommes du Directoire ont supprimé pour les sociétés industrielles et les banques étrangères, l'obligation de faire la déclaration de leur capital, base de la taxation dont elles doivent être l'objet. En outre, reconnaissants de l'appui que leur prêtent les congrégations religieuses, ils les ont exemptées de toute contribution.

Il ne reste point à la monarchie d'autre ressource financière pour se soutenir que d'émettre de nouveaux bons du Trésor et d'augmenter le nombre des billets en circulation : cela vaut la corde qui soutient le pendu. Dans les derniers mois, cette circulation a pris un développement alarmant. C'est de là que vient la dépréciation de notre monnaie, dépréciation que les étrangers ne s'expliquent pas, puisque l'Espagne a gagné 12 milliards d'or pendant la guerre, et que, pendant les années qui ont suivi l'armistice, elle nageait dans l'abondance. La cherté présente de tout est la conséquence du gaspillage imputable à la monarchie et au militarisme, et, si l'on ne renonce pas promptement à la stupide aventure du Maroc en jetant à bas le régime actuel, les rentiers et les employés peuvent se préparer à mener une vie de privations et de mortifications, comme font ceux de quelques pays de l'Europe centrale, que la guerre a ruinés.

Aujourd'hui l'Espagne est le pays le plus cher de l'Europe. Tandis que dans beaucoup de pays le prix des denrées alimentaires commence à baisser notablement, c'est le contraire qui se produit en Espagne ; le prix des objets de première nécessité y hausse sans cesse. Voilà la vérité ; mais, comme il est impossible à la monarchie de la réfuter, elle recourt à ses arguments habituels, imaginés pour leurrer les pauvres d'esprit, et charge de les propager des écrivains vendus ou des journalistes vaniteux qui se regardent comme de grands personnages suscités par la Providence pour sauver le roi.

Nous tous qui montrons combien est néfaste l'œuvre de la monarchie, ils nous appellent des ennemis de la patrie ; à nos justes critiques ils ne savent, vrais perroquets imbéciles et tenaces, répondre qu'une chose : « Vive l'Espagne ! » Comme si ce n'étaient pas eux qui assassinaient l'Espagne ! De plus ils sèment la peur, ils effraient les « hommes d'ordre » en agitant le spectre rouge, — épouvantail dont ils rient quand ils sont seuls, — pour que ces nigauds courent s'abriter sous la drapeau de la monarchie, le seul refuge possible, à leurs yeux.

Contribuables espagnols ! Ne bougez pas, restez les bras croisés, pleins d'admiration pour Alphonse XIII et pour le Directoire. La révolution communiste ne sera pas nécessaire pour vous dépouiller de vos biens. Les auteurs de la guerre du Maroc se sont déjà chargés d'en faire peu à peu la liquidation.

Encore quelques années de monarchie avec le système des Bourbons, et vous serez nus comme la main. Le gaspillage du parti noir sera pour vous aussi ruineux que le serait le partage des rouges.

IV

AUX TRAVAILLEURS

Ce que veut la monarchie espagnole, c'est que la foule des travailleurs, dans les ateliers et dans les champs, produise le plus possible pour les classes privilégiées, et se contente de ce qu'elles daignent lui donner, perpétuellement muette et contenue par la terreur. Chaque fois que les ouvriers formulent une protestation, les défenseurs de la monarchie croient que le jour du « partage » redouté est déjà arrivé, et ils font appel à la répression brutale, comblant ainsi de joie les ignorants.

L'Espagne d'Alphonse XIII est le pays où l'on parle le plus du péril communiste pour effrayer les bourgeois, et c'est peut-être le pays du monde où un tel péril menace le moins.

Il faut remarquer d'abord que les prolétaires de l'industrie ne sont en Espagne qu'une minorité, comparés à la multitude de ceux qui travaillent dans les champs. Et même parmi les ouvriers des usines les communistes n'ont point la majorité ; ils sont inférieurs en nombre aux membres des autres groupes révolutionnaires qui restent fidèles aux théories anarchistes. Au-dessus des communistes et des anarchistes se placent les organisations ouvrières, plus nombreuses et plus éclairées, qui, tout en gardant leurs doctrines radicales, se mêlent avec un opportunisme habile à la vie de l'État. Telle est la Confédération générale du Travail, et telles seront dans le sein de la République espagnole les autres organisations ouvrières. La République représentera le règne de la légalité : inflexible, quand il faudra faire respecter les droits des classes productrices, elle le sera également, quand il faudra appliquer la justice et châtier la violence.

Mais la monarchie a tout intérêt à ce que la bourgeoisie illettrée, capable de se porter sous l'empire de la peur aux cruautés les plus féroces, ne sache point comment est réellement organisée la classe ouvrière espagnole, et que, méconnaissant dans son ignorance crasse l'opposition irréductible qui existe entre la Troisième Internationale, les anarchistes et les socialistes, elle se hâte, toutes les fois qu'éclate un conflit, d'englober parmi les coupables tous les travailleurs sans exception ; elle ne voit en eux que des soldats de

la révolution rouge, et les vénérables présidents
des cercles catholiques et des sociétés d'adoration
du Saint-Sacrement crient pour servir la cause
d'Alphonse XIII :

— Pas de distinction !... Tous ne font qu'un...
Qu'on les mate !...

Le travailleur qui ne se tait point et refuse de
se résigner, est un ennemi de l'ordre et de la
patrie. La plupart des troubles sociaux qui se sont
produits en Espagne, ont été, directement ou indirectement, l'œuvre des gouvernements au service de la monarchie. La situation anormale de
la Catalogne pendant ces dernières années peut se
résumer dans une image ; elle est comme la ba-
lance dont les plateaux montent ou descendent,
suivant que le poids le plus lourd se déplace.

La bourgeoisie industrielle catalane a été natio-
naliste, et elle l'est toujours, quoique certains
transfuges, par vanité de politiciens ou par intérêt personnel, se soient mis au service d'Alphonse XIII. Quand le nationalisme catalan prenait un puissant essor, le gouvernement de
Madrid attisait par toute espèce de manœuvres
perfides les rancunes des prolétaires contre les
patrons, pour que la terreur déterminât ceux-ci
à solliciter l'appui de la monarchie. Dès que les
industriels effrayés et repentants cherchaient un
refuge dans la protection du pouvoir central, la
générosité des ministres d'Alphonse XIII n'avait
point de bornes, et, pour récompenser les pa-

trons de leur patriotisme, ils dissolvaient les syndicats et prêtaient aux apeurés l'appui sans
réserve de la force publique pour toute sorte
d'atrocités. Mais aujourd'hui, comme ce n'est
qu'une faible partie de la bourgeoisie catalane
qui soutient la monarchie et le Directoire, elle
combat à la fois les organisations ouvrières qui
prétendent maintenir leur indépendance, et ses
anciens compagnons de lutte, les nationalistes
catalans libéraux et progressistes, qui se refusent
obstinément à transiger avec la tyrannie militariste.

En Espagne, la question ouvrière est pour le
moment une affaire de justice sociale. Pas de solution possible sans la **compréhension des** idées
modernes, sans le respect des organisations ouvrières, sans une attitude impartiale du gouvernement dans les conflits qui éclatent entre le
capital et le travail. Cela, une République peut le
faire ; un Bourbon ne le fera jamais.

Il serait absurde de s'attendre à ce que la République espagnole puisse résoudre les problèmes
sociaux en vingt-quatre heures. Ce ne sera ni en
vingt-quatre mois ni en vingt-quatre ans qu'elle
pourra accomplir cette tâche. Les peuples les plus
civilisés du monde, qui ont sur nous l'avantage
d'être ouverts au progrès depuis un siècle, n'ont
pas encore réussi à trouver des solutions défini-
tives en pareille matière. C'est là une œuvre qui
ne saurait être réalisée sans une évolution métho-

dique, sous l'influence de l'éducation et de l'esprit de justice, et qui progressera avec les années, à mesure que se développeront le sentiment de l'altruisme dans la société et la culture intellectuelle des générations nouvelles. Mais, si la République opère en Espagne les grandes réformes sociales qui ont été effectuées dans d'autres pays et dont l'efficacité a été démontrée par la pratique, elle aura fait en peu de temps pour le bien-être et pour la dignité des travailleurs plus que n'a fait la monarchie pendant des siècles.

Ajoutons que la République espagnole ne craint pas les ouvriers, et que son gouvernement ne les tiendra point à l'écart, comme font Alphonse XIII et ses amis, pour qui les seuls ouvriers qui comptent sont ceux des syndicats catholiques. On ne craint pas ceux qu'on aime, et la République aime les travailleurs.

Toutes les organisations ouvrières seront consultées par le gouvernement de la République, et collaboreront avec lui pour formuler une législation du travail. Dès le premier moment, un programme minimum, dressé sur le modèle de ceux qui existent chez les peuples les plus amis du progrès, sera appliqué en Espagne, et il sera peu à peu complété ensuite, selon que le permettra le développement de la nouvelle République, développement lent peut-être, car il lui faudra faire face aux attaques perfides des partisans du passé.

Jamais un homme en pleine possession de son

intelligence ne viendra à penser que le peuple espagnol, tenu dans l'ignorance par ses rois, et chez qui se rencontrent encore dans la campagne et dans les régions montagneuses des défenseurs de la monarchie absolue et de l'inquisition, puisse se lancer, dès les débuts de la République, dans l'essor aventureux de réformes extrêmes qu'aucun autre pays n'a tentées dans le cours de l'histoire, ou qui, dans le cas contraire, ont abouti à des échecs retentissants. Nous devons nous borner à imiter ce qu'ont expérimenté déjà des peuples plus fortement organisés et plus civilisés qui ont sur le nôtre l'avance d'un siècle.

De plus, un peuple ne doit point être assimilé à ces cobayes, à ces petits cochons d'Inde, sur lesquels les savants pratiquent des expériences dans leurs laboratoires, pour faire des découvertes utiles à l'humanité. La plupart de ces petites bêtes meurent, quand l'expérience est restée sans résultat, et, pour les remplacer, il suffit de débourser quelques pesetas ; mais la vie de tout un peuple est difficile à refaire, et les rêveurs dupes de leurs illusions qui l'ont compromise par des essais audacieux et sans précédent, n'ont pas le droit de se tirer de ce mauvais pas en se contentant de verser quelques larmes et de dire en gémissant : « Je me suis trompé ! »

Luttons hardiment contre un passé funeste et adoptons sans crainte toutes les grandes réformes bienfaisantes et justes, effectuées par d'autres nations, qui, depuis des années, fonctionnent régulièrement et dont la valeur est garantie par l'expérience. Quant à certains essais généreux, mais chanceux, c'est aux nations qui marchent à l'avant-garde de l'humanité, qu'il appartient de les tenter, et, si plus tard ils réussissent complètement, nous pourrons, nous ou nos enfants, suivre l'exemple donné par elles.

Dans la classe ouvrière, il y a un esprit de justice et une vision nette de la réalité que ne soupçonnent pas ses ennemis. Les persécutions dont elle a été l'objet sous le règne du roi actuel, la façon dont elle a été traquée par les détenteurs du pouvoir, ont été pour elle des leçons salutaires, et tout travailleur à l'esprit bien équilibré, qui ne veut pas obéir en automate à des suggestions occultes ou anonymes, doit reconnaître que pour la classe dont il fait partie, mieux vaut une République où les associations ouvrières jouiront de toutes les libertés autorisées par la loi, et où l'école préparera les générations futures d'ouvriers à la conquête réelle du pouvoir, que la monarchie d'un Alphonse XIII, soutenue par des assassins comme Martinez Anido et par des fantoches bavards comme Primo de Rivera, qui ne respectent point l'ouvrier, à moins qu'il ne se laisse diriger par les jésuites.

S'il y a en Espagne un péril communiste, c'est dans les campagnes. La monarchie espagnole, suivant les traces du tsarisme, son modèle, prépare inconsciemment ce qu'on appelle le « péril rouge ». L'organisation de la propriété terrienne dans quelques provinces de l'Espagne est identique à celle qui existait en Russie sous le régime impérial.

Durant le xixe siècle tout entier et dans le début du siècle présent, rarement dix ans se sont passés sans que, dans les campagnes de l'Andalousie, on cessât d'entendre retentir les cris de colère ou de douleur des paysans, protestant contre des conditions d'existence aussi misérables qu'au moyen âge. Mais, quand les gouvernements de la monarchie voient les récoltes menacées ou craignent qu'une révolte n'éclate, ils inondent de gendarmes les zones dangereuses et croient avoir résolu ainsi le problème.

Les rois d'Espagne ne songent qu'à employer la force pour trancher momentanément les conflits ; jamais ils ne tentent d'y mettre fin par des lois appropriées. Les hommes au service de la monarchie sont incapables d'opérer une réforme agraire semblable à celle qui a été effectuée dans les pays de l'Europe centrale. Les gouvernements de ces pays se sont convaincus que les baïonnettes n'étaient point capables d'arrêter l'avalanche communiste, et ils ont exproprié, en les indemnisant, les grands propriétaires, pour répartir leurs terres entre les paysans. Maintenant la classe des petits propriétaires, que cette grande réforme a fait naître, constitue dans ces pays la base la plus solide de la démocratie.

Il est incontestable qu'en Russie la révolution communiste n'aurait point renversé le gouvernement républicain de l'Assemblée Constituante, sans la force qu'a donnée à ses promoteurs l'appui de la multitude des paysans, avides de posséder la terre. Si la Révolution française, après un siècle de vicissitudes politiques, a fini par triompher, c'est parce qu'elle a eu l'idée heureuse de répartir les terres, dont la propriété était monopolisée par l'ancienne noblesse, entre plusieurs millions de petits propriétaires.

Ni en France ni dans les pays de l'Europe centrale, qui ont fait la réforme agraire, le bolchevisme ne pourra jamais triompher. Les théories communistes sont en contradiction avec les intérêts des petits propriétaires. Ceux-ci défendent la démocratie, parce que la démocratie a fait d'eux une classe sociale. Une république démocratique n'aspire point à supprimer la propriété ; tout au contraire, ce que désirent les républiques, c'est augmenter indéfiniment le nombre des propriétaires, si petits que soient leurs lopins de terre, parce qu'elles considèrent que tout homme a droit à la propriété.

L'idéal des démocraties n'est pas de courber les hommes sous la menace d'une faux meurtrière, de façon que toutes les têtes soient pour toujours au même niveau. Ce à quoi elles aspirent, c'est au contraire de fournir à chacun tous les moyens possibles de s'élever en proportion de ses forces. Il est incontestable que l'organisation de la propriété peut être réformée et qu'elle doit l'être, quand c'est nécessaire. Dans le cours de l'histoire on n'a pas fait autre chose, et nombreuses sont les transformations qu'elle a subies. Mais cela ne veut pas dire que la République regarde comme nécessaire l'abolition de la propriété. Le droit de propriété est un des droits de l'homme, et, si petit que soit le lopin de terre, il contribue à assurer l'indépendance du citoyen.

Sachant combien est dangereuse l'organisation de la propriété terrienne dans certaines régions de l'Espagne, la République consacrera ses efforts dès le début à la réforme agraire. Il ne faut pas que dans nos campagnes se maintienne la honteuse inégalité qui existe encore dans ces régions, après un siècle de libéralisme et de sécularisation, dont l'action salutaire n'y a laissé aucune trace.

Là rien n'a été changé depuis le règne de Charles III. L'enquête qui a servi de base à la loi agraire d'alors, paraît dater d'aujourd'hui. Les maux du xviii° siècle persistent, au même degré, dans ces régions. L'absentéisme des propriétaires y a un caractère chronique. Dans tels districts, de grandes étendues de terrain restent indéfiniment sans culture, tandis que dans d'autres de petites parcelles sont affermées à un prix

supérieur à la valeur de ce qu'elles produisent ;
c'est là un mal signalé déjà par les réformateurs
qui vivaient sous ce règne.

Aujourd'hui, comme alors, le régime des sous-
fermes existe dans ces régions. Le propriétaire ne
veut pas s'imposer la légère corvée de traiter
avec les fermiers, et c'est un intermédiaire qui
s'en charge, se faisant payer par eux pour sa
peine un second fermage. Quant aux salaires,
outre qu'ils sont misérables, ils ne peuvent
être gagnés par les journaliers qu'à certaines
époques de l'année, et, dans ces conditions, ils
ne sauraient suffire aux besoins d'une population
agricole dont le relâchement moral et l'épuise-
ment physique sont connus dans toute l'Europe.

Les grandes propriétés espagnoles, aussi vastes
que celles de la Prusse orientale et celles de la
Russie d'avant la révolution, sont nombreuses
en Andalousie, en Estrémadure, dans la province
de Salamanque et dans d'autres régions. On peut
résumer la situation en disant que les quatre cin-
quièmes des propriétés terriennes en Espagne
sont entre les mains du cinquième de la population.

La réforme agraire n'est pas seulement une
mesure de prophylaxie et de justice sociales. Il y
a de plus en elle le fondement de la grandeur
économique de l'Espagne dans l'avenir et une
source de revenus que n'a pas soupçonnés jusqu'ici notre Administration des Finances.

Si cette réforme s'opère, il y aura moins de taureaux pour les courses, mais des milliers d'Espagnols qui mènent aujourd'hui une vie de mendiants, pourront cultiver la terre, et se nourriront mieux.

Le parcellement des grandes propriétés créera une foule de petits propriétaires qui défendront la république contre la réaction et contre le bolchevisme.

On remettra aux propriétaires terriens actuels une indemnité en titres de tout repos, comme on a fait dans d'autres pays, et cette réforme, en augmentant la valeur d'une partie considérable du sol national, amènera une nouvelle mobilisation de la richesse et fournira des capitaux pour des œuvres d'intérêt public que je mentionnerai plus loin.

V

LES IMPÔTS ET LE PROGRÈS DU PAYS

La République espagnole en finira avec les privilèges en matière fiscale et avec l'inégalité de l'impôt.

Tous les Espagnols doivent prendre également leur part des charges publiques, sans qu'il y ait de classe privilégiée, et il n'est pas juste que se maintienne la situation présente où les pauvres et les petits propriétaires paient proportionnellement plus que les riches.

La République espagnole ne songera point à augmenter les impôts actuels ni à en créer de nouveaux ; les impôts existants ne pèsent que trop sur le citoyen espagnol. Mais avec le budget de trois milliards que nous avons maintenant, une fois les dépenses de la guerre d'Afrique supprimées, une fois l'effectif de l'armée ramené à ce qu'il doit être dans une presqu'île peuplée de

23 millions d'habitants qui ne peut être envahie que par les Français, — (et il est certain que la paix régnera perpétuellement entre l'Espagne républicaine et la République française), — une fois que nous n'aurons plus à payer ce que coûtent l'entretien de la Maison Royale et les autres abus déplorables qui s'y rattachent, la République espagnole pourra en peu d'années faire de véritables prodiges, en consacrant les millions ainsi économisés à l'Instruction Publique, aux Travaux Publics, aux institutions de bienfaisance et aux réformes sociales.

Mais la chose urgente, c'est une répartition équitable de l'impôt ; car maintenant les riches sont taxés généralement en proportion inverse de leur fortune.

En outre, la République espagnole, une fois qu'elle aura surmonté les difficultés des premiers temps, ouvrira un champ d'opérations à la puissante et intelligente initiative des industriels des États-Unis, de Belgique, de France et d'autres pays, et elle encouragera en même temps l'activité de l'industrie espagnole. Actuellement il n'y a que des aventuriers plus ou moins audacieux qui viennent installer des entreprises en Espagne, et elles sont, la plupart du temps, de telle nature qu'aucun gouvernement honnête ne leur accorderait l'autorisation nécessaire.

Ceux qui se chargent de la solliciter, se préoccupent avant tout de la commission énorme qu'ils veulent toucher, et de la somme non moins considérable qu'ils doivent, à titre de cadeau, offrir aux personnages espagnols qui appuient leur demande. Dans l'Espagne d'Alphonse XIII, ce sont seulement des hommes de proie qui peuvent installer des entreprises, en faisant cadeau auparavant d'actions libérées à ceux qui les soutiennent. Sur l'avenir de toute entreprise, quand elle s'installe, pèse l'énormité des sommes qu'elle a dû verser comme pot-de-vin, pour que le projet d'établissement fût accepté par le gouvernement. L'Espagne d'Alphonse XIII, c'est celle des affaires de Pedraza, celle du monopole scandaleux des Téléphones, celle du chemin de fer d'Ontaneda à Calatayud avec ses 35 millions en actions libérées pour le roi et ses associés, celle de la décision précipitée qui a prolongé le privilège de la Compagnie Transatlantique, et d'autres affaires en préparation dont on parle avec indignation.

La République ouvrira les portes de l'Espagne aux entreprises qui ne veulent point recourir à la corruption, et celles-là sont les plus importantes et les plus puissantes du monde. Les magnats de l'industrie et de la finance viendront sans doute contribuer au développement industriel de notre patrie, et seront autorisés à rivaliser sous ce rapport avec les capitalistes espagnols, auxquels, s'ils le méritent, la République espagnole réservera naturellement ses préférences par patriotisme, jusqu'à ce que nous arrivions à conquérir notre complète indépendance économique : ce qui est un idéal républicain. Et tous ceux qui viendront demander au nouveau régime le droit d'exercer leur initiative, le feront en toute sécurité, sachant d'avance qu'aucun des membres du gouvernement de la République ne leur réclamera de pot-de-vin pour payer son appui, ni ne leur opposera d'obstacle dans des vues intéressées.

L'Espagne n'a point les richesses extraordinaires que quelques exagéreurs lui ont attribuées, mais elle en a réellement de considérables que nul ne saurait contester et qui, bien exploitées, peuvent augmenter singulièrement l'importance économique de notre pays. Elle a de vastes gisements miniers, et, bien que les cours d'eau soient peu nombreux chez elle, la forte différence de niveau entre son plateau central et ses côtes la rend riche en « houille blanche ». On peut, avec ses chutes d'eau, créer des foyers puissants de force électrique, propres à faire fonctionner des industries nouvelles. Ils serviront également à électrifier les lignes de chemin de fer dont la construction complétera notre réseau de voies ferrées.

La République espagnole représente le travail, la paix, la moralité dans les relations avec les entreprises soit des étrangers soit de nos compatriotes, l'accroissement de la richesse publique sans qu'il soit nécessaire de forcer le mécanisme de l'impôt, enfin la création de ressources et de revenus nouveaux qui permettront de travailler au développement de la haute culture intellectuelle et aux grandes réformes sociales.

VI

LA RÉPUBLIQUE ET LE SÉPARATISME

Seule la République peut empêcher la désagrégation nationale dont les symptômes ont commencé à se manifester en Espagne, spécialement en Catalogne et dans quelques provinces du Nord.

Ce séparatisme n'est, au fond, qu'une tendance instinctive des organes qui ont conservé une vie propre, à se séparer du corps de la monarchie espagnole, qui n'est pour eux qu'un cadavre. Les habitants de ces provinces ont l'Espagne en horreur, parce qu'elle est esclave, et que la politique de ses rois a fait d'elle un pays qui n'a rien de commun avec le reste de l'Europe, comme si c'était une partie d'un autre continent moins civilisé. En outre ils désirent une large autonomie qui réponde à leur activité énergique, et cette autonomie est incompatible avec la constitution monarchique.

Dans la République espagnole le séparatisme
disparaîtra. Nul ne veut se séparer d'un pays où
chacun est respecté, est traité avec égards et jouit
pleinement de tous ses droits.

La République espagnole sera fédérale ; elle
suivra ainsi les véritables traditions de l'Espagne.
De grands géographes comme Élisée Reclus, des
voyageurs célèbres qui ont étudié attentivement
la géographie physique et les caractères ethniques
de notre pays, sont d'accord pour affirmer qu'en
Espagne, étant donné la configuration de son sol,
son histoire et la diversité des races qui la peu-
plent, doit exister le régime fédéral. En Espagne
le régime unitaire est l'œuvre des rois, avides du
pouvoir absolu ; jamais il n'a été l'expression
de la volonté populaire.

Mais dans la République espagnole l'établissement du fédéralisme ne sera ni général, ni ins-
tantané, ni obligatoire. Le fédéralisme ne doit
pas s'imposer. Il faut absolument, pour que ce
régime s'établisse quelque part, une éducation
préalable et un désir unanime des populations.

J'ai passé un certain temps de ma vie dans
plusieurs Républiques fédérales, notamment dans
la plus importante de toutes, les États-Unis d'A-
mérique. Toutes les régions qui font partie d'une
République fédérale, ne sont pas des États autonomes, pleinement investis des droits de souve-
raineté. Il y a des régions moins préparées à une
vie particulière et indépendante, qui, pendant

que s'opère, grâce à l'éducation politique, l'évolution qui leur permettra d'arriver à être des États, s'appellent simplement « Territoires » et dépendent entièrement du gouvernement central.

Dans les États-Unis, il ne reste plus guère de « Territoires ». Quelque temps avant la guerre européenne, le président Wilson éleva presque tous les « Territoires » au rang d'États, estimant qu'ils étaient suffisamment préparés à jouir de l'autonomie, mais, il n'y a pas plus de vingt ans, le nombre des « Territoires » était encore considérable dans la grande République des États-Unis.

La République espagnole, une fois résolus les premiers problèmes intéressant son existence, pourra, qaund le temps sera venu d'aborder de nouvelles réformes, se donner une constitution, conformément aux règles suivies dans les États-Unis et dans les autres Républiques fédératives. Il y aura chez elle en même temps des États particuliers avec un gouvernement autonome, et des provinces qui dépendront entièrement du gouvernement central.

La Catalogne et les autres régions, s'il y en a, qui désireront unanimement un gouvernement autonome, pourront se constituer en États particuliers dans le sein de la grande République espagnole. Quant à la plupart des anciennes provinces où l'absolutisme de la dynastie autrichienne et celui des Bourbons ont étouffé, en les mettant à feu et à sang, l'esprit d'indépendance représenté par les *Fueros*, elles pourront faire peu à peu, sous l'égide de la République espagnole, leur éducation fédéraliste et leur apprentissage de l'autonomie, jusqu'à ce que, une fois l'antique joug des « caciques » secoué et la vie organique rétablie dans chacune d'elles, elles réclament leur autonomie et se constituent en États.

Puisse un jour la péninsule tout entière, depuis les Pyrénées jusqu'au détroit de Gibraltar, depuis la Méditerranée jusqu'à l'Atlantique, former une confédération d'États autonomes, ayant chacun leur vie propre, un ensemble d'organismes robustes, se maintenant dans un admirable équilibre, sans chercher à prévaloir les uns sur les autres, qui unisse pour la gloire de la patrie commune les races diverses du pays, avec leurs langues distinctes, leurs caractères multiples et leurs traditions historiques si variées et si riches, et qui étale avec un noble orgueil son nom d' « États-Unis hispano-lusitaniens », constituant la grande République fédérale d'Ibérie !

VII

L'ÉGLISE

L'Assemblée Constituante de la République espagnole règlera par des lois les rapports futurs entre l'Église et l'État, comme toutes les questions intéressant la vie intérieure et les relations extérieures de notre pays. Elle agira en souveraine. Ce que je veux ici, c'est parler des premiers mois de la République, de ce qui doit se faire, selon moi, pendant la période intermédiaire entre la chute du régime monarchique et la réunion de l'Assemblée Constituante.

Le premier gouvernement de la République respectera le Concordat avec Rome, mais en exigeant que les clauses en soient exactement observées. En outre nous ne continuerons point, sous prétexte que la religion catholique est professée par la majorité des Espagnols, d'offrir au monde le spectacle de l'intolérance la plus inouïe qu'on connaisse.

Dans le catholicisme il y a une variété que
beaucoup appellent « le catholicisme à l'espagnole ». Je connais dans certains pays d'Europe
et d'Amérique des catholiques éminents qui ne
parlent qu'avec une certaine tristesse de cette
sorte de catholicisme. Chez quelques écrivains
catholiques d'un esprit élevé on remarque une
tendance à ne pas souffler mot de notre pays,
comme si l'intolérance espagnole était d'un mauvais exemple, comme si c'était une espèce de
poids mort qui entrave chez d'autres peuples les
progrès du catholicisme.

Quand le catholique espagnol va en Angleterre ou aux États-Unis, qui sont des pays protestants, il estime naturel et logique que dans la
rue la plus centrale de Londres ou de New-York
il y ait une cathédrale catholique, et qu'on trouve
un grand nombre d'églises consacrées au même
culte dans les rues d'importance secondaire. En
revanche, si on lui dit qu'un temple protestant
va être inauguré à Madrid dans la rue d'Alcala, il
pourra arriver qu'il rugisse de colère comme une
bête féroce. Et ne mentionnons point, même à
titre d'hypothèse, l'établissement d'une synago-
gue dans la capitale de l'Espagne. Beaucoup de
catholiques en riraient comme d'une fantaisie
extravagante, dénuée de toute vraisemblance, et
bien des dévotes tomberaient en syncope, si elles
prenaient la chose au sérieux.

Dans mon voyage autour du monde, j'ai visité

des îles de la Polynésie, où, il y a cinquante ans, les indigènes faisaient rôtir et mangeaient les missionnaires. Aujourd'hui dans les capitales de ces îles du Pacifique, on voit, alignés dans la même rue, des temples consacrés à toutes les religions qui ont un fondement moral, et les fidèles de cultes si divers se traitent mutuellement avec le respect dû à des hommes qui éprouvent les uns et les autres le même amour pour Dieu et le même désir de travailler au bonheur de leurs semblables. Les catholiques « à l'espagnole », ceux qui soutiennent le roi et le Directoire, sont très inférieurs moralement à ces petits-fils d'anthropophages.

Quand on conte à des Européens ou à des Américains qu'il y a en Europe un pays appelé Espagne où les dames de la bonne société se récrient avec indignation, si à Madrid une chapelle protestante ose mettre une croix au-dessus de sa porte, comme si cette croix ainsi profanée était un symbole d'immoralité, et où ceux qui ne sont pas catholiques, sont obligés le dimanche, pour pénétrer dans leur maison de prières, de se glisser furtivement au fond d'un *patio* ou d'un jardin dont les arbres la cachent, comme s'ils allaient entrer dans un mauvais lieu, ceux qui entendent dire pareille chose sont stupéfaits et doutent que ce soit la vérité. Et pourtant voilà ce qui se passe sous le règne d'Alphonse XIII !

La République espagnole reconnaîtra le Concordat et en acceptera les clauses qui se rapportent à l'entretien du culte catholique, parce que le catholicisme est la religion de la majorité des Espagnols, mais il proclamera également la liberté religieuse, le respect de toutes les croyances qui ont un fondement moral, si peu nombreux que soient leurs adeptes, et en agissant ainsi, elle fera simplement ce que font tous les peuples civilisés. Ce sera rendre la réciproque aux grandes nations qui, tout en n'étant pas catholiques, acceptent et protègent le catholicisme, sans avoir égard au nombre de ceux qui le professent.

La conduite des catholiques espagnols qui se réjouissent de trouver des temples catholiques dans les pays protestants et, par contre, ne permettent pas que chez eux un autre culte se pratique librement, rappelle la logique d'inquisiteur du réactionnaire Louis Veuillot, quand il disait aux libéraux : « Si vous triomphez, « vous devez me donner la liberté, parce « qu'elle figure dans votre programme. Si c'est « moi qui triomphe, je vous la refuserai, parce « qu'elle ne figure pas dans le mien. »

Cette absurdité qui nous isole parmi les peuples, comme une exception honteuse, la République la fera disparaître. Elle protégera l'Église catholique et paiera ses prêtres, conformément aux stipulations de l'ancien Concordat, mais elle assurera en Espagne aux autres religions des peuples civilisés une entière liberté, avec les garanties et le respect dont jouissent toutes les maisons de prières » dans les grandes capitales du monde.

La République espagnole considérera aussi comme une œuvre d'une justice indiscutable une réforme modifiant la répartition des millions que l'État alloue à l'Église pour qu'elle puisse vivre. Il est temps que l'heure de la révolution sonne dans l'intérêt du clergé, comme dans celui du contribuable, de l'ouvrier des villes et de l'ouvrier agricole, et en général de tous les Espagnols qui ont vécu jusqu'ici sous un régime d'injustice et de privilèges.

Nul n'est victime de l'inégalité comme le bas clergé. C'est seulement aux salaires des pauvres travailleurs des champs dans certaines régions de l'Espagne qu'on peut comparer le misérable traitement de quelques prêtres. Il y en a qui touchent moins de deux pesetas par jour, et ce sont ceux qui sont le plus accablés de besogne, ceux qui se lèvent la nuit, à une heure avancée, pour assister les mourants, ceux qui remplissent les fonctions les plus pénibles et les plus monotones du sacerdoce.

C'est chose courante de voir en Espagne des prêtres sales, aussi crasseux que des mendiants, avec un air de misère mal dissimulée. On en a vu aussi parfois dans les rues de Madrid qui demandaient l'aumône. En revanche, dans le haut

clergé, il y a des évêques et des cardinaux, —
pas tous, il est juste de le dire, — qui s'habillent
et vivent, comme si c'étaient des cocottes en sou-
tane, laissant traîner vaniteusement la soie et les
dentelles de leur robe, étalant dans les salons des
belles dames avec une coquetterie efféminée les
joyaux qui brillent à leurs doigts ou sur leur poitrine, orgueilleux princes de l'Église qui, ne se
contentant pas d'agir de la sorte en Espagne où
ils soutiennent Alphonse XIII et le Directoire, en
histrions qui reconnaissent en eux des confrères,
s'en vont voyager à travers l'Amérique comme
des échantillons grotesques de notre nation.

Le budget du clergé doit être réparti équitablement : bien des prêtres mènent une vie semblable à celle des vilains du moyen âge opprimés
par leurs seigneurs, sans pouvoir protester contre
ceux qui leur arrachent le produit de leur labeur.

La République reconnaîtra à ces victimes de
l'iniquité le droit d'intervenir enfin dans le ma-
niement et la répartition des fonds qui leur appartiennent.

Les prêtres pourront former des syndicats pour
la défense de leurs intérêts ; ils pourront créer
des ligues défensives semblables à celles des militaires, ou instituer une assemblée qui, à la
façon de celles où se réunissaient jadis les représentants de la bourgeoisie et du peuple, aille
demander aux magnats de l'Église de répartir
plus équitablement les fonds qui lui sont alloués.

d'abdiquer leurs privilèges exclusifs et d'établir entre les membres du clergé une égalité évangélique s'inspirant des doctrines primitives du christianisme.

VIII

QUELS SONT LES HOMMES QUI GOUVERNERONT NOTRE RÉPUBLIQUE ?

La République, c'est la paix. Vous, femmes espagnoles, à qui, tous les vingt ans, arrache des larmes une guerre sans objet, à propos de laquelle on exploite abusivement l'amour de la patrie, et que de vrais patriotes pourraient éviter aisément, vous devez voir dans la République la garantie de votre tranquillité future.

La République espagnole sera à l'abri de ces guerres extérieures qui sont faites pour nous ruiner et pour jeter en proie à la mort des milliers d'Espagnols, vos fils, vos époux, vos frères. Qui pourrait l'attaquer ?... Au Nord, sa voisine est la France, une République ; à l'Ouest, c'est le Portugal, une autre République. Et ces trois Républiques sœurs s'entendront toujours au sujet des questions qui sont pour elles d'intérêt commun,

et, si jamais un danger les menace, elles se prê-
teront assistance mutuellement avec l'esprit de
solidarité instinctif de ceux qui appartiennent à
une même famille.

Les hommes qui seront à la tête de la République espagnole, ne voudront pas singer les
grands massacreurs, comme Guillaume II, qui
ont envoyé les hommes à la boucherie, et ils ne
provoqueront pas de guerres, comme s'il s'agissait d'un nouveau genre de sport, pour faire naître
des occasions de s'admirer eux-mêmes. Ce seront
des citoyens vraiment patriotes, convaincus que
la grandeur d'un pays dépend uniquement de
son degré de liberté, de prospérité et d'instruction, et consacrant toute leur énergie aux œuvres
de la paix.

Et quels sont ces hommes ? — demanderont
beaucoup d'Espagnols, quand ils liront ces
lignes, car l'éducation matérialiste et bornée que
leur ont donnée pendant tant d'années l'égoïsme
de la monarchie et le fanatisme religieux, les
pousse à s'occuper des personnes plutôt que des
idées.

Ces hommes, ce qui les suscitera, ce sera la
République, ce sera le mouvement que détermine
dans les couches profondes de la société un changement de régime. Ne craignez point qu'ils fas-
sent défaut. Dans tous les pays et à toutes les
époques ils ont surgi en pareille circonstance,
exactement au moment où ils étaient nécessaires.

Rappelez-vous la floraison brillante et spontanée qu'a amenée la révolution de 1868 en Espagne. La plupart de ses personnages principaux étaient complètement inconnus peu de temps auparavant.

Les hommes qui gouverneront la République espagnole sont en ce moment des médecins, des ingénieurs ou des avocats, des journalistes ou des employés de commerce, des professeurs de lycées ou d'Universités, des travailleurs au caractère grave et réfléchi qui étudient dans leurs heures de loisir, ouvriers qui surveillent le fonctionnement d'une machine, ou marins qui naviguent le long de nos côtes. Actuellement ils gémissent sur les maux de la patrie, ils voient dans la République l'unique remède, mais la désorganisation que la monarchie a dans son propre intérêt déterminée dans notre pays, les sépare les uns des autres et les isole, comme la poussière d'astres qui forme les nébuleuses. Ils ont vécu ainsi jusqu'à ce jour, pareils à ces étoiles disséminées dans l'espace, mais ils se rapprocheront alors, et leur réunion fera surgir un monde nouveau.

La République ne doit pas être uniquement le domaine des républicains ; nous voulons que tous les Espagnols aient part à ses bienfaits. Naturellement il ne s'agit là que d'Espagnols de bonne foi qui ne soient pas ses ennemis et qui ne feignent pas de la servir pour la trahir plus sûrement et favoriser ainsi la restauration de l'ancien régime.

Nous autres, républicains, qui commençons déjà à vieillir, si nous voulons que la République triomphe, c'est pour le salut de l'Espagne ; peu nous importe le rôle qu'elle nous assignera. La satisfaction d'avoir provoqué un changement heureux dans l'histoire de l'Espagne nous suffira. Nous serons fiers de voir une foule d'athlètes, jeunes et inconnus jusqu'ici, s'engager dans la voie que nous aurons tracée.

Je sais par expérience que la plupart du temps celui qui renverse une barrière, n'est pas le premier à la franchir. Comme tous les précurseurs qui ont lutté pour détruire les restes cruels du passé, je suis l'objet d'une campagne d'injures et de calomnies payée par la monarchie. Je méprise les attaques de mes adversaires, mais il en est une que je crois nécessaire de repousser.

Comme les défenseurs de l'état de choses actuel ne peuvent s'expliquer qu'un homme agisse d'une façon généreuse et désintéressée, parce que c'est là une conception à laquelle ne peut s'élever la bassesse de leur âme, ils ont supposé que, si je fais la guerre à Alphonse XIII et désire l'établissement de la République, c'est parce que je vois là un moyen de satisfaire mon ambition personnelle et d'occuper les plus hautes charges sous un régime républicain. Ceux qui me connaissent bien, ou qui ont simplement la notion de ce qu'est un écrivain habitué à mener une vie absolument indépendante et conforme à ses goûts, ne peuvent que sourire d'une pareille supposition.

Si je désire la fondation de la République espagnole, c'est parce que je suis plus un véritable Espagnol qu'Alphonse XIII et les gens de son entourage, c'est parce que j'ai toujours été républicain et que dans ces dernières années mes voyages n'ont fait que fortifier encore ma foi républicaine. Je suis prêt à faire tout ce que je pourrai pour que l'Espagne n'ait plus de rois, mais, une fois que la République aura définitivement triomphé, mes convenances personnelles, ma volonté de vivre conformément à mes goûts, me feront désirer qu'il surgisse des hommes nouveaux, pour qu'unis aux anciens lutteurs, ils gouvernent la jeune République, et me laissent à l'écart savourer en silence la joie d'avoir fait une grande chose dans l'intérêt de ma patrie.

Ce serait mal agir que d'abandonner la République immédiatement après la victoire, en d'autres termes, pendant la période où il faudra lui donner une constitution, période qui est de toutes la plus difficile, et qui réclame la coopération de tous les républicains. Je la servirai, tant qu'elle me le demandera, et dans le poste qu'elle voudra m'assigner.

Mais, quand elle ne considérera plus mes services comme nécessaires, mon plus cher désir, sera de regagner mon jardin de Menton pour me remettre à écrire des romans, comme un de ces républicains de l'ancienne Rome qui, après avoir servi la République, retournaient cultiver leur champ.

IX

CE QUE NOUS POUVONS FAIRE ET CE QUE FERONT LES GÉNÉRATIONS DE L'AVENIR

Je devine les objections de quelques-uns de mes lecteurs. Ce que j'ai dit sur la future République espagnole, leur paraîtra un programme trop modéré et trop prudent, ce qu'on appelle un programme minimum, et ils se rappelleront que j'ai défendu des idées plus radicales dans un grand nombre de mes œuvres.

C'est vrai, je ne le nie pas. Je veux même profiter de l'occasion pour le proclamer et pour couper court à toute équivoque. Mes idées sont de deux sortes. Les unes sont celles qui sont le fruit de mes réflexions et de mes lectures, que j'ai adoptées, parce que je les tenais pour conformes à la justice, sans me préoccuper des conditions que le temps, notre maître, impose à notre impatience et en reconnaissant que beaucoup d'entre elles ne pourront se réaliser pour le bonheur de l'humanité que dans le cours des siècles. Les autres sont celles que, précisément parce que leur champ est moins vaste et leur caractère plus simple, je regarde comme pouvant être appliquées immédiatement, sans oublier combien notre pays est arriéré, et en étant bien convaincu que leur application ne peut lui faire courir aucun danger.

Je sais très bien quelle est la faiblesse d'esprit de la plupart des Espagnols, spécialement dans les campagnes. Quant à ce qu'on appelle la bourgeoisie, autrement dit, la race des poltrons, capables d'applaudir au crime, pourvu que l'ordre ne soit pas troublé, son niveau intellectuel n'est pas, en règle générale, supérieur à celui du paysan.

La République, aujourd'hui plus répandue dans l'ensemble du monde que la monarchie, est encore, aux yeux de bien des Espagnols, quelque chose d'audacieux et de fort dangereux. Si on laisse de côté les rois nègres de l'Afrique avec leurs pagnes et les rois jaunes de l'Asie, il y a dans les pays civilisés du reste de la terre plus de républiques que de monarchies. Chaque année décime la corporation des rois. Et pourtant, dans les villes et dans les campagnes de l'Espagne, il est encore des gens que le nom seul de la République fait frémir d'effroi et d'horreur.

Nous devons avant tout faire en sorte que la

République soit proclamée en Espagne et que les pauvres Espagnols ignorants s'habituent à elle, en voyant un, deux, trois, quatre ans se passer sans que la terre tremble ni que les étoiles tombent du ciel, bien qu'à la place des rois disparus, il y ait simplement à Madrid un chef d'État élu qui représente la nation.

Nous vivons esclaves du temps, et, quels que soient nos efforts, nous ne nous affranchirons jamais de sa tyrannie. Qu'est-ce que la vie de chacun de nous ? Quelques années seulement, qui, dans l'histoire de notre pays, comptent moins qu'un millionième de seconde dans notre propre existence. Et néanmoins telle est la vanité de nos enthousiasmes que, dans le cours de cette vie si brève, nous voulons faire passer dans la pratique, d'un seul coup, toutes les hypothèses généreuses émises dans les livres que nous avons lus, et réaliser dans les limites étroites d'un quart de siècle ce dont la réalisation exigera peut-être des milliers d'années.

Aussi bien, s'il était possible, dans le court espace de notre vie, de réaliser instantanément tous les nobles rêves des penseurs et des poètes, tendant au bonheur de l'humanité, en supprimant toutes les inégalités et toutes les injustices qui existent, que laisserions-nous à faire aux générations qui viendraient après nous ?... Elles s'ennuieraient dans un monde où tous les problèmes seraient résolus et toutes les réformes

accomplies, elles n'auraient plus de goût à vivre
en voyant leur vie sans objet ; peut-être même,
pour se distraire, referaient-elles l'histoire en
sens inverse, proclamant le charme et la nou-
veauté de la barbarie, du despotisme, etc.

Non, la vie humaine ne se termine pas demain;
elle ne s'éteint pas avec nous ; elle se prolon-
gera encore pendant des milliers et des milliers
d'années. De nouvelles générations nous succé-
deront pour développer et perfectionner ce que
nous aurons commencé, de même que nous,
nous avons mis à profit l'initiative et les sacri-
fices de nos devanciers. Bien des idées dont la
contemplation embellit mes heures de médita-
tion, ne seront réalisées que par les hommes de
l'avenir.

Profitons du présent, du court moment qu'est
notre pauvre existence ; faisons ce que nous
pouvons faire avec succès dans le peu d'années
que nous avons encore à vivre... Et si nous réus-
sissons à fonder en Espagne une République qui
habitue toute notre génération à se passer de
rois ; une République qui assure aux organisations ouvrières une vie de liberté, de tranquillité sereine et de progrès, en opérant les réformes
sociales déjà appliquées dans les pays plus civilisés que le nôtre ; une République qui établisse
la liberté religieuse en respectant toutes les
croyances et en apprenant aux Espagnols la tolérance ; une République qui ouvre vingt mille

écoles sur les cinquante mille dont l'Espagne a besoin pour être au niveau des autres pays, et mette l'instituteur, aujourd'hui méprisé, à un des premiers rangs parmi nos fonctionnaires, nous pourrons mourir tranquilles, avec la certitude d'avoir fait en quelques années plus que la monarchie n'a su faire pendant des siècles.

Et ceux qui viendront après nous, développeront et perfectionneront notre œuvre.

X

LA RÉPUBLIQUE A UN IDÉAL

L'Espagne monarchique vit sans idéal, et pour ce motif sa situation angoissante ressemble à celle de l'homme qui tente d'avancer dans une ruelle sans issue. Tout horizon lui est fermé ; elle se borne à se contempler elle-même ; son histoire est comparable à celle de ces « tapeurs » qui vivent au jour le jour, comptant sur le hasard pour que leur vie d'expédients se prolonge jusqu'au lendemain.

Une vie sans idéal ne vaut la peine d'être vécue ni pour les hommes ni pour les peuples.

La vieille Espagne a eu son idéal, mais cet idéal a péri depuis plusieurs siècles, et nous a légué comme un triste héritage l'antipathie d'une grande partie du monde, précisément de celle qui aujourd'hui guide les destinées de l'humanité. L'idéal espagnol était de servir le roi et le pape, d'imposer l'unité catholique à toute l'Europe, d'empêcher les peuples de se donner un régime de liberté, d'étouffer les premières tentatives de l'esprit démocratique. Les nations qui sont maintenant les plus civilisées, ont vu dans l'idéal de la vieille Espagne une menace pour leur développement. Nous avons été, comme le reconnaissent des écrivains catholiques éminents, « une démagogie à l'esprit monacal et militariste », s'efforçant de réaliser un rêve de despotisme universel.

Ce triste idéal s'est évanoui, et, comme récompense d'un héroïsme mal compris et stérile, nous avons hérité l'antipathie préconçue et l'injustice passionnée que manifestent à notre égard les grandes nations actuelles, toutes les fois qu'elles parlent de nous. Je reconnais que ces préjugés contre ce qu'on appelle « l'Espagne noire », sont souvent injustes et exagérés, et je les ai combattus avec plus de ténacité et de succès que la plupart des patriotes optimistes et impuissants qui abondent à Madrid, mais il n'en est pas moins certain que l'ancien idéal de notre peuple, que ses rois lui avaient imposé, nous a valu le déplorable privilège d'être isolés dans le monde.

Un grand nombre d'écrivains qui voient un moyen de gagner leur pain dans l'expression d'un patriotisme aveugle, ou qui l'exploitent pour frayer un chemin à leur ambition, essaient de faire croire au pauvre peuple espagnol que le monde entier l'admire. Ne le croyez pas, Espagnols ! C'est le contraire qui est vrai, puisque, par la faute de la monarchie, nous sommes le peuple le moins apprécié et le plus calomnié, bien des fois même injustement.

Pour vous maintenir dans l'erreur, on vous cite souvent les éloges de quelques écrivains en voyage ou de simples « dilettanti » que charme la vieille Espagne par le « pittoresque » de ses mœurs surannées. Ce sont des esprits à qui les vestiges du passé peuvent seuls faire goûter l'émotion artistique, parce que l'extrême civilisation de leur patrie les écœure ; mais ces panégyristes de l'Espagne monarchiste et fanatique, après avoir entonné leurs hymnes enthousiastes, s'empressent de partir, parce qu'ils ont besoin de retrouver la vie plus élevée de leur pays. Moi aussi j'ai trouvé très intéressants et très « pittoresques » certains peuples de l'Asie et de l'Afrique qui avaient un grand passé historique, mais je serais désespéré si l'on m'obligeait à rester dans leur pays.

La monarchie espagnole n'a qu'un idéal, c'est de se maintenir en vivant au jour le jour, c'est de « gagner du temps ».

Alphonse XIII qui a pour la gloire de parader sur la scène du monde l'amour passionné d'un histrion pour le théâtre, et dont l'âme, en sa qualité de roi, n'est accessible qu'aux aspirations du passé, a voulu avoir un idéal digne de l'Espagne, et, comme l'idéal qu'il a conçu était ridicule et hors de saison, il n'a connu que des échecs. Pendant la guerre européenne, il a souhaité le triomphe des Allemands, croyant que leur appui lui permettrait d'écraser la République portugaise et de fonder un empire ibérique. Ensuite il a cru à la possibilité de fonder un empire africain en conquérant d'abord une partie du Maroc, de médiocre importance d'ailleurs, si l'on en considère l'étendue et les richesses, et si on la compare au reste du territoire marocain qui est occupé par les Français.

C'est là tout l'idéal de la monarchie espagnole : la fondation d'empires sur le modèle de ceux du moyen âge, n'ayant, comme eux, pour base que la force, sans chercher à gagner la sympathie des peuples annexés, et des guerres d'invasion, qu'on décore du nom de croisades, et qui exaspèrent le sentiment religieux de la nation attaquée, guerres bientôt suivies de déroutes inouïes et entraînant des dépenses ruineuses.

Voilà comment peut se résumer l'histoire de notre passé, celle de la monarchie.

Avec la République commencera pour l'Espagne une histoire nouvelle. Seule la République peut donner à notre pays un idéal nouveau, glorieux et pacifique. Nous voulons que notre horizon national s'agrandisse, mais sans intervention de la force, sans guerres ni conquêtes, uniquement grâce à l'influence de l'esprit, à la parenté de race et aux liens créés par l'amour commun de la liberté.

La monarchie espagnole ne s'entendra jamais avec les peuples qui parlent notre langue en Amérique et en Océanie. Toutes les déclamations qu'on débite sur des projets d'union ibéro-américaine, ne sont qu'un vain bavardage officiel, et les fêtes célébrées à ce propos symbolisent des rêves nobles, mais vagues et chimériques, qui ne prendront point corps dans la réalité.

L'Amérique est la terre de la République. L'âme de Washington, défenseur héroïque et intègre de la démocratie, plane d'un bout à l'autre sur ce qu'on appelle le Nouveau Monde. Il aurait pu être roi, car ses soldats eux-mêmes lui demandèrent d'accepter la couronne, mais il repoussa une telle proposition comme la pire des offenses. La constitution de la République démocratique, fondée par ce héros bon et juste dans les anciennes colonies anglaises, fut imitée par la France dans sa première révolution, et a servi de modèle à toutes les nations du continent américain.

L'Amérique entière est républicaine. Les monarchistes de Madrid, qui savent tout mal ou ne savent rien, croient sincèrement que presque tous les Américains qui parlent l'espagnol, regrettent que leurs pays soient en république, et nous envient l'ineffable bonheur d'avoir pour roi Alphonse XIII.

Ce qui contribue à les maintenir dans l'erreur, c'est que, de temps en temps, arrivent à Madrid certains « snobs » de l'ancienne Amérique espagnole, qui sont entichés de noblesse, et se sont fabriqué une généalogie où figure une collection d'aïeux ducs ou marquis, comme si jadis ceux qui s'étaient embarqués pour les Indes Occidentales étaient tous des émigrants riches en parchemins nobiliaires.

Ces grotesques de l'autre côté de l'Océan sollicitent une audience du roi, lui soutirent une photographie signée de lui, et ensuite reviennent dans leur patrie pour que leurs amis leur envient une pareille amitié. Ils appellent familièrement « Alfonsito » le monarque espagnol, et ne savent pas qu'à peine ont-ils tourné le dos, le susdit « Alfonsito » leur décoche le sobriquet d'Indiens avec son sans-gêne de gavroche, et affirme qu'on voit se dessiner, sous leurs costumes récemment achetés à Paris, les plumes de leur accoutrement de sauvages.

Ces pauvres bourgeois de l'Amérique espagnole, qui ont la nostalgie du passé et la manie des titres nobiliaires, ne jouent aucun rôle dans leurs pays respectifs, et font rire à leurs dépens, quand ils osent manifester en public leurs goûts déraisonnables.

Toute tentative de faire monter un roi sur le trône en Amérique, provoquerait un immense éclat de rire, depuis les lacs qui sont à la frontière du Canada, jusqu'au sommet des montagnes qui forment le cap Horn. Dans les Républiques les plus arriérées et les plus belliqueuses, où dans certaines circonstances éclate la guerre civile avec une explosion de haines qui semblent inextinguibles, il suffirait de suggérer l'idée de l'établissement d'un gouvernement monarchique en le représentant comme un moyen de fortifier le parti de l'ordre, pour qu'immédiatement tous les enfants du pays, même les ennemis les plus acharnés, s'unissent pour défendre la république.

Une monarchie espagnole ne s'entendra jamais avec les Républiques où l'on parle notre langue. Une République espagnole au contraire conquerrait aussitôt sans effort le cœur des Républiques-sœurs américaines, et elle n'aurait pas besoin de ces cérémonies organisées sur commande, de ces vaines pompes officielles, de tous ces mensonges que nous voyons aujourd'hui, destinés à dissimuler sous un déguisement l'impossibilité de l'union entre le petit-fils de Ferdinand VII et les petits-fils de ces Espagnols d'Amérique qui secouèrent pour toujours le joug funeste des rois de Madrid.

L'Espagne a d'autres proches parents qui, eux aussi, ont fini par avoir l'horreur du régime monarchique et se sont constitués en républiques. Le Portugal et le Brésil font partie de la même famille que nous, bien que depuis des siècles ils

tournent le dos à notre patrie. Ce n'est nullement la faute du peuple espagnol, si ses rois de
la dynastie autrichienne soumirent le Portugal
à leur tyrannie et lui firent perdre ses riches colonies d'Asie et d'Océanie. Encore aujourd'hui,
la République portugaise regarde l'Espagne avec
inquiétude, craignant que nous ne franchissions
sa frontière et ne l'envahissions, et comme elle
a besoin d'avoir pour ami un peuple fort, elle
recherche, à tout prix, l'appui de l'Angleterre.

Quand la République espagnole sera fondée,
la République portugaise se tournera vers nous,
et il s'établira entre les deux peuples de la péninsule ibérique une fraternité, une confiance
un amour qu'on n'a jamais vus jusqu'ici dans
l'histoire de leurs rapports.

L'Espagnol qui ne prend point la peine de réfléchir sur la situation politique de sa patrie, doit
se rendre compte que nous faisons tristement
exception parmi les nations parlant notre langue,
ou originaires de notre péninsule, qui marchent
toutes dans la voie du progrès.

Il existe sur la terre plus de cent millions
d'hommes qui parlent l'espagnol. Il faut en
ajouter vingt millions qui ont dans les veines le
sang et parlent la langue de la race portugaise,
ce sont les habitants du Portugal et du Brésil.
Ces cent vingt millions d'hommes forment
vingt-trois nations, et sur ces vingt-trois nations,
vingt-deux sont en république (vingt qui par-

lent espagnol et deux qui parlent portugais) ; il n'y en a qu'une chez qui existe la monarchie, c'est celle où règnent Alphonse XIII et Primo de Rivera.

Comment ces républiques pourraient-elles s'entendre véritablement avec une monarchie qui constitue un anachronisme, une exception grotesque, qui fait rire à ses dépens et s'enorgueillir même les nations les plus petites, quand elles se comparent à la nôtre ?... Il y a un an et demi, nous avions encore la ressource, pour nous consoler de l'abjection où nous a précipités la monarchie, de nous élever contre le militarisme de certaines républiques et contre les généraux qui les gouvernent. Aujourd'hui notre situation ignominieuse nous interdit même cet acte consolateur. Dans aucune République américaine, même dans celles qui sont le plus la proie du désordre, il n'y a une dictature aussi méprisable et aussi avilissante que celle du Directoire espagnol.

Primo de Rivera n'est qu'un pantin ridicule, si on le compare à beaucoup de généraux improvisés de ces Républiques américaines livrées à l'anarchie. Du moins ces *macheteros* (1) ont fait leur carrière tout seuls ; ils font preuve souvent d'héroïsme dans leurs aventures et jusque dans leurs atrocités ; ils répètent, sans le com-

____

(1) Nom sud-américain qui signifie manieur de *machete*. Le *machete* est une espèce de sabre court.

prendre, il est vrai, le grand mot de liberté qui,
dans d'autres pays où l'ordre règne davantage,
est quelque chose de sacré ; ils ne doivent pas
leur fortune à la protection d'un oncle, et quel-
quefois sont vainqueurs, ce qui n'est jamais arrivé à notre Narvaez d'opérette, voleur de nuit,
qui, à l'aide d'une sape perfide, a cambriolé le
gouvernement, et que nous enverrons au bagne,
quand la République aura triomphé.

Qui sait jusqu'où pourra se propager l'idéal
de la République espagnole, quand une entente
fraternelle régnera entre elle et toutes les républiques de l'ancien et du nouveau monde qui lui
sont unies par les liens du sang et par leur passé
historique ?... L'Espagne républicaine, pacifique, aux aspirations généreuses, n'inspirera de
crainte à personne, et en revanche exercera au
loin sur les républiques-sœurs une attraction
sympathique. Son organisation fédérale sera une
garantie et comme un aimant irrésistible.

Peut-être dans l'avenir finira par se constituer
solidement cette Espagne immense, mais fondée
sur la base peu sûre de la force brutale, qui
étonna le monde à l'époque où fut découverte
l'Amérique, cette Espagne sur laquelle ne se
couchait jamais le soleil. Mais ce sera une Espagne sans rois, sans têtes couronnées, une confédération unie par le sentiment et gouvernée
par l'intelligence, où chaque peuple conservera
son autonomie et son indépendance, placée uni-

quement sous l'égide de deux chefs suprêmes, de deux présidents perpétuels toujours sûrs d'être réélus, Cervantes et Camoëns.

Quelques-uns diront que tout cela n'est qu'une fantaisie de romancier, absolument irréalisable. Mais ce qui est plus irréalisable encore, c'est qu'Alphonse XIII s'empare du Maroc, quoique nous ayons pour cette conquête dépensé follement des milliards et sacrifié inutilement la vie de 70.000 Espagnols.

En cherchant à réaliser l'idéal de la République espagnole, nous n'aurons point de dépenses à faire ni de pertes à subir. D'ailleurs celui qui a un idéal, même s'il n'arrive pas à le réaliser, est plus digne de respect que les êtres vulgaires, aux goûts matériels comme ceux des animaux, capables uniquement de vivre au jour le jour, sans autre ambition que de dépouiller le voisin.

Seuls ceux qui ont un idéal, peuvent figurer dans l'aristocratie du genre humain.

XI

ET C'EST EN AYANT FOI DANS CET IDÉAL QUE JE VEUX
VIVRE ET MOURIR

Comme je crois fermement que la République
seule peut remédier aux maux dont souffre actuellement l'Espagne, comme je considère que
cette forme de gouvernement peut donner une
nouvelle et heureuse orientation au cours de
notre histoire, en amenant une certaine partie du
peuple espagnol à s'élever au-dessus du scepti-
cisme répugnant ou de l'indifférence bestiale
que lui ont enseignés les rois et leurs complices,
comme mon âme est vivifiée par une étincelle de
l'idéal nouveau destiné à remplacer l'idéal mort,
et bien mort, qui en d'autres temps a guidé notre
race, je sens en moi l'énergie d'une seconde jeunesse, et je vais de l'avant, sans craindre aucun
obstacle ni aucun danger.

Tous les jours je reçois des menaces de mort,

des lettres grossières, signées ou non, pleines
d'insultes ou de calomnies. Je crois inutile de
mentionner de nouveau ici les persécutions dont
je suis l'objet de la part du roi et de ses défenseurs, gens uniquement capables d'injurier,
mais non d'alléguer pour défendre leur maître
un seul argument que puisse accepter l'opinion
du monde. Avec l'argent des contribuables, la
monarchie paie des mercenaires de la plume et de
pauvres diables avides de notoriété, pour écrire
contre moi n'importe quoi.

S'ils espèrent par là me lasser ou m'effrayer,
ils perdent leur temps. Jamais je ne me suis
senti aussi fort, aussi content de moi-même, avec
cette sérénité de l'âme que donne la conscience
du devoir accompli.

Il y a exactement quatre mois, avant que
j'eusse publié ma première brochure sur Alphonse XIII et sur la tyrannie du Directoire, j'é-
tais pour les journaux monarchistes de Madrid,
un grand romancier, une gloire nationale, et ils
commentaient avec une satisfaction patriotique
mes triomphes à l'étranger et les honneurs qu'on
m'y décernait. Depuis que j'ai attaqué Alphonse XIII, je suis pour les mêmes journaux
un écrivailleur quelconque, un méprisable bar-
bouilleur de papier, et comme ils ne peuvent
contester le succès qu'ont mes œuvres hors de
l'Espagne, ils disent que dans mon pays mes
romans sont peu lus, alors que quelques-uns,

on le sait, ont eu les plus forts tirages actuellement connus, tant en Espagne que dans l'Amérique espagnole.

Voilà une preuve de l'emballement grotesque et de la petitesse d'esprit de ceux qui, de Madrid, prétendent diriger l'opinion sous le règne d'Alphonse XIII. Pour être appelé écrivain dans mon malheureux pays, il faut croire à la gloire militaire et à la sagesse politique de ce brouillon couronné, qui a voulu faire l'essai de la monarchie absolue avec un général digne du bagne, et maintenant ne sait plus comment se tirer du guêpier.

Je le répète, je suis content de ce changement qui s'est produit dans mon existence.

J'aurais pu rester indifférent aux maux de ma patrie. Aux yeux de quelques Espagnols qui ont le caractère de Sancho Panza, c'eût été là avoir l'esprit d'à propos. Les grands journaux de Madrid au service du roi m'auraient proclamé un génie, quand j'aurais commencé à vieillir, les distinctions officielles auraient plu sur ma personne, peut-être même aurais-je eu l'insigne honneur de voir un jour Alphonse XIII me serrer la main et louer mes romans, — sans les avoir lus d'ailleurs, car les sports ne lui ont jamais laissé le temps de lire, — « honneur » qui a tourné la tête de quelques Espagnols illustres, aujourd'hui disparus ou rayés à jamais du nombre des citoyens pour leur servilisme, qui ont montré par là d'une façon palpable le peu qu'ils valaient comme hommes.

Mais en pareil cas on se serait souvenu de mon ignominie, même après ma mort, et l'on aurait dit :

« Il y eut un écrivain qui dans une époque de plein despotisme aurait pu protester. Il avait tout ce qu'il fallait pour remplir ce devoir patriotique, une vie indépendante, de la fortune, un nom connu dans le monde entier. Ses écrits étaient traduits dans les langues les plus importantes, il pouvait compter sur l'appui de milliers de journaux étrangers, et, malgré tout, il resta muet, indifférent aux maux de son pays. Ce fut un mauvais Espagnol, un être poussant l'égoïsme jusqu'à la cruauté ; peut-être aussi agit-il par poltronnerie. Ne parlons pas du romancier, et disons que l'homme mérite un éternel mépris. »

Non, quoi qu'il arrive, je suis tranquille, et j'envisage l'avenir sans crainte, parce que je sais qu'on dira de moi :

« Il aurait pu se tenir à l'écart pendant la bataille, et néanmoins il se lança dans la mêlée, convaincu qu'il n'avait rien à y gagner et qu'en revanche, il allait beaucoup perdre. Il s'unit sans hésiter à Miguel de Unamuno et à Eduardo Ortega, qui déjà, avant son arrivée, combattaient vaillamment pour l'honneur de l'Espagne, sans considérer si ses nouveaux compagnons de lutte étaient nombreux ou non. Il consacra le reste de sa vie à la résurrection de l'Espagne, au triomphe de la République, et n'eut qu'une ambition, occuper dans l'attaque le poste le plus avancé en première ligne, celui où l'on reçoit les coups les plus terribles, mais où l'on peut aussi frapper de la façon la plus directe et la plus sûre. »

Paris, avril 1925.

II

Le romancier et le roi

NOTE DE L'ÉDITEUR

Nous joignons à ce manifeste divers articles écrits par M. V. Blasco-Ibañez *après sa brochure* Alphonse XIII *démasqué.*

Un grand nombre de ces articles ont déjà paru dans le journal España con honra *(L'Espagne sans tache) qui se publie à Paris (1).*

(1) Paraissant à Paris, le journal *España con honra* est le seul journal espagnol actuel qui ne soit pas soumis à la censure du Directoire.

LA PLUME ET LA RÉVOLUTION

Alphonse XIII et le Directoire ont cru, jusqu'à il y a à peine quelques semaines, qu'ils avaient complètement réussi à dominer l'Espagne et à la réduire à n'être plus qu'un organisme sans volonté et sans voix.

Ils ont une conception matérialiste et grossière de l'histoire moderne. Ils s'imaginent qu'en muselant les journalistes et les écrivains, en supprimant le droit de réunion et en faisant descendre la troupe dans la rue, à la moindre tentative de protestation, ils parviendront à condamner l'Espagne à un éternel silence, et à tromper aussi les pays civilisés en les empêchant de connaître leurs véritables agissements. Ces pauvres ignorants croient à l'efficacité absolue de la force brutale ; ils ne savent pas qu'il y a dans le monde de notre époque des forces impalpables et indéfinies qui exercent une influence profonde sur l'histoire humaine, forces que certains ont désignées sous le nom de facteurs « impondérables ».

De tous ceux-ci, le plus à craindre et le plus terrible est l'opinion publique ; Guillaume II, par exemple, a vaincu souvent sur les champs de bataille, et cependant ses victoires répétées ne l'ont pas rapproché d'un pas du triomphe décisif. Il avait contre lui l'opinion du monde entier. Depuis tous les grands centres de civilisation comme Paris, Londres, New-York, etc., jusqu'aux îles les plus petites et les plus solitaires, perdues dans l'immensité du Pacifique, tous les hommes civilisés se sont déclarés ennemis de la tyrannie militariste allemande, et cette opinion universelle, faite de millions d'opinions individuelles, éclairées par une propagande fondée sur la justice, a fini par triompher de la force des armes, en changeant heureusement le cours de l'histoire.

Nous autres, nous obtiendrons quelque chose de semblable dans notre patrie. La Vérité nous accompagne et finira par triompher. Nous arriverons à faire connaître au monde entier ce qui se passe chez nous et, quand l'opinion du monde entier protestera contre la tyrannie militariste qui séquestre le pauvre peuple espagnol, les armes ne serviront plus de rien au roi et à ses généraux, qui ont été ses complices, en matière de despotisme. Peut-être même que les mitrailleuses et les fusils finiront par se tourner contre eux.

Ils ont cru qu'en enlevant à l'Espagne le moyen de s'exprimer par la plume et par la parole, elle ne serait jamais entendue, quelque forts que soient les cris qu'elle pousserait dans sa prison, pour demander du secours. Ils se sont complètement trompés, car nous sommes nombreux, nous qui avons entendu ses cris, et qui, renonçant à nos travaux du temps de paix, consacrons notre énergie et toutes nos forces à la délivrer.

C'est en vain qu'ils ont essayé de séquestrer l'Espagne ; leur tentative a été inutile. On peut répéter en ce moment, avec plus d'opportunité et de justice que jamais, la phrase célèbre de Zola : « La Vérité est en marche et nul ne l'arrêtera. »

Il y a un mois, il y avait encore dans le monde des

millions d'individus en proie à l'erreur ou à l'indifférence, qui, par crédulité ou par paresse mentale, croyaient en un Alphonse XIII véridique, sympathique, partisan des Alliés et populaire dans son pays. Aujourd'hui, on commence à savoir, grâce à nous, que c'est un individu incapable de garder sa parole, fourbe, menteur, germanophile, prédisposé, par son éducation, à rétrograder au point d'en arriver à vouloir rétablir la monarchie absolue, ami de tenanciers de tripots et d'hommes d'affaires louches (comme son bisaïeul Ferdinand VII a été l'ami de la canaille la plus abjecte), et prêt à accepter des pourboires et des actions libérées de toute entreprise qui voulait bien aller lui faire des offres.

Le monde sait également ce que sont ce sot et ce bavard de Primo de Rivera, général éternellement battu ; Martinez Anido, le bourreau, brasseur d'affaires, et d'autres comparses du Directoire, tristes sires qui, grâce aux manèges d'entremetteuse de certains diplomates et aux fortes sommes d'argent versées aux journaux à louer, ont essayé de se créer une réputation internationale de surhommes providentiels, nés pour sauver l'Espagne.

Nous ne sommes encore qu'au début de notre œuvre. Nous continuerons de plus belle.

Puisque l'Espagne ne peut parler, nous parlerons pour elle.

Le roi de Marquet et les individus du Directoire, ne sachant comment lutter contre la vérité, ont donné la consigne aux panégyristes qui sont à leur solde, de tromper une fois de plus les Espagnols ignorants.

Dire du mal d'Alphonse XIII, de Primo de Rivera et de leurs complices, équivaut, selon eux, à être un mauvais Espagnol qui fait du tort à sa patrie, comme si, en vérité, l'Espagne était représentée uniquement par le monarque, associé de Pedraza, et le général en chef, cause de la déroute de 1924, plus terrible et plus meurtrière que celles des années précédentes.

Pour les pauvres imbéciles qui croient, sans réfléchir, cette propagande du roi et du Directoire, nous sommes de mauvais Espagnols, nous qui demandons que notre pays cesse de dépenser cinq millions de pesetas par jour pour une guerre sans résultat, qui réclamons l'assainissement moral du pays et qui exigeons des comptes de ceux qui sont responsables de la mort de 25.000 combattants, bêtement sacrifiés.

Peu nous importent les bavardages de certaines gens qui n'ont jamais eu d'opinion propre et adoptent celle de leurs oppresseurs, parce que cela est commode et moins dangereux pour eux, et a en outre l'avantage de leur éviter le cruel effort de penser.

Nous nous préoccupons moins encore de ce que peuvent dire les mercenaires de la plume accoutumés à changer d'opinion, selon la hausse ou la baisse des valeurs sur le marché politique.

Mes compagnons et moi, nous savons où nous allons et quelle est la voie que nous devons suivre.

Il est inutile qu'on aboie contre nous au bord du chemin, nous ne nous arrêterons pas plus dans notre marche que nous ne sortirons de la voie que nous nous sommes tracée. Nous savons parfaitement qu'on ne fait pas complètement une révolution, et qu'on ne renverse pas un trône avec la plume. Mais nous sommes convaincus que c'est la plume qui prépare les révolutions.

20 décembre 1924.

ABOIEMENTS AU BORD DU CHEMIN

Pendant ma jeunesse, au temps où j'étais journaliste et homme politique, je me suis souvent battu en duel, à la suite de mes polémiques. Deux fois j'ai été grièvement blessé, et je n'ai échappé à la mort que presque miraculeusement, ce qui prouve l'importance de ces duels. Je n'ai donc pas besoin de donner des preuves de courage ; j'en ai assez donné par le passé.

Quand j'ai écrit mon pamphlet contre Alphonse XIII et la tyrannie militariste qui domine l'Espagne, je devinai que certaines gens pourraient profiter de l'occasion pour attirer l'attention sur eux, mais je pris dès le premier moment le parti de ne point leur faire le plaisir de les y aider. Parmi les nombreux ennemis qui m'attaquent actuellement dans mon pays, les uns sont d'anciens protégés des généraux qui le tyrannisent, désireux de se mettre en avant pour être mieux récompensés ; d'autres désirent simplement saisir l'occasion de faire sonner bien haut leur nom en se faisant ainsi une réputation qu'ils n'avaient jamais pu conquérir avec leur plume.

Je reçois souvent — parmi nombre de télégrammes et de lettres de félicitations — des épîtres d'injures

ou des provocations de gens que je ne connais pas
ou que je me crois en droit de dédaigner, parce
que je les connais trop. Je n'accepte de duel
qu'avec Alphonse XIII, avec Primo de Rivera, ou
avec quelque autre de ceux que j'attaque pour défendre la liberté de ma patrie. Je n'admets pas de
remplaçants chargés de représenter des hommes qui
sont plus jeunes que moi. Quant à certaines menaces
d'agression contre moi, je ne puis répondre qu'une
chose, c'est que celui qui désire les mettre à exécution peut s'y risquer, mais avec la certitude qu'il
ne s'en ira pas sans recevoir la riposte méritée.

Je me suis proposé de remplir une noble et grande
mission, et je la mènerai à bonne fin, sans hésitation
et sans crainte, en suivant le chemin qui me paraît le
meilleur, et non celui où cherchent à m'entraîner
les ennemis de mon pays.

J'ai renoncé à ma vie paisible de romancier pour
être à l'étranger, comme d'autres Espagnols éminents, le porte-parole d'une Espagne qui vit enchaînée et muselée. Tout le monde connaît la situation
de mon pays. Les journaux et les livres sont soumis
à la censure des militaires, et on ne peut imprimer
que les écrits dont les délégués nommés par le Directoire veulent bien autoriser la publication. Grâce à
cet asservissement de la pensée, Alphonse XIII et
ses généraux ont cru avoir supprimé toute protestation possible du pays, et ils se sont imaginé aussi
qu'il tromperaient le reste du monde en lui présen-
tant comme la preuve de l'assentiment de l'Espagne,
des extraits de la presse espagnole soumise préalable-
ment à la censure. Mais ils comptaient sans les protestations d'un groupe d'intellectuels espagnols
comme moi qui résident en France. D'où la violente
et bruyante colère du roi et des dictateurs militaristes, qui a augmenté encore à la lecture de mon

pamphlet contre Alphonse XIII et ses associés en
matière de despotisme. Exaspérés, le monarque
aussi bien que le Directoire ont consacré d'énormes
sommes d'argent à l'achat de journalistes mercenaires et de toutes sortes de gens, capables de mettre
obstacle à notre propagande justicière pour la liberté
de l'Espagne.

Mais ils perdent leur temps avec leurs attaques par
procuration. Nous avons d'illustres maîtres dont
nous pensons suivre l'exemple ; Victor Hugo, durant
la campagne qu'il fit contre le despotisme de Napoléon III, pendant dix-huit ans, se moqua des injures
aussi bien que des défis qu'on lui lançait. Émile
Zola, dans l'affaire Dreyfus, suivit, sans dévier
une minute, la voie qu'il s'était tracée, et
combattit les véritables ennemis de la Vérité, sans
faire attention aux cris de ses adversaires obscurs.
J'irai, comme lui, droit mon chemin, sans écouter les
aboiements des chiens qui hurlent au bord de la
route.

Je puis affirmer que je ne suis encore qu'au début
de mon entreprise. Je compte écrire bien plus que
je n'ai fait jusqu'ici. Je prépare en ce moment une
série d'articles qui confirmeront encore et développeront tout ce que j'ai dit. Et je pense consacrer
le reste de ma vie à libérer ma patrie de la plus
ignoble des réactions.

Pour donner une idée de la mentalité des hommes
qui tyrannisent actuellement l'Espagne, il suffit de
dire que la seule chose que sachent me reprocher les
écrivains à leur solde, est d'être un « mauvais Espagnol », parce que j'ai révélé aux pays étrangers l'op-
pression dont est victime l'Espagne. Selon eux, pareille chose doit rester secrète, on ne doit la dire
qu'en Espagne et aux Espagnols. Mais comment en
parler là-bas, puisque la liberté n'existe ni pour les

journaux, ni pour les livres, puisqu'on n'a pas le droit de réunion et qu'il suffit d'une simple conversation dans un café pour que le Directoire incarcère un Espagnol ?

Un écrivain aux gages de la tyrannie militariste, conte que les Soviets m'ont donné quatre millions pour faire de la propagande révolutionnaire en Espagne. Cette affirmation stupide fait rire tous ceux qui me connaissent. On sait bien que je ne suis pas communiste. Je ne suis qu'un simple républicain qui désire pour son pays la création de nombreuses écoles — et Dieu sait que l'ignorance espagnole en a besoin! — qui désire qu'on fasse de grandes économies dans le budget, que la paix et le travail règnent, que l'on respecte toutes les croyances religieuses et morales sans exception, et qu'on opère un certain nombre de réformes favorables à la classe ouvrière, qui ont été déjà faites dans les pays plus avancés.

Dans l'Espagne d'Alphonse XIII et de Primo de Rivera, j'apparais comme un terrible révolutionnaire, ennemi de l'ordre économique actuel, chose qui montre jusqu'où va l'ignorance des brutes qui la gouvernent. Si j'étais Français ou Yankee, ou même citoyen de quelque autre république, je serais pour beaucoup presque un conservateur, un homme de gouvernement pareil aux dirigeants actuels des États républicains.

3 janvier 1925.

LA VÉRITÉ EN MARCHE

Ce qu'on appelle « l'affirmation de sentiments monarchiques » provoquée en Espagne par ma brochure
sur Alphonse XIII, me fait, avec toutes ses bruyantes
protestations, éprouver la satisfaction que ressent le
tireur, quand il constate qu'il a mis en plein centre
de la cible.

Les autorités nommées par le Directoire dans
chaque province recueillent des signatures pour
l'adresse rédigée en l'honneur de l'associé de Pedraza,
de l'hôte de Cornuché et du protecteur de Marquet.
Elles font aussi signer par les dames une autre adresse
en l'honneur de la reine, à qui nul n'a fait allusion,
et que je n'ai mentionnée qu'une fois dans mon livre
en parlant avec respect de la femme et en louant le
pays dont elles est originaire.

Cette parade de sentiments monarchiques a fini par
prendre un air carnavalesque. Le chapitre de la cathédrale de Barcelone, pour protester plus efficace-
ment contre l'impie Blasco-Ibañez, « l'ennemi de la
patrie », nomme de nouveau Alphonse XIII chanoine
honoraire de cette cathédrale. Le Conseil municipal
de Madrid et d'autres Conseils municipaux de villes
importantes, confèrent au roi et à la reine la dignité
d'alcade et d'alcadesse honoraires. Ces Conseils muni-

cipaux ne font que rendre service pour service. Aucun des conseils municipaux qui existent actuellement en Espagne, n'a été élu par le peuple. Ils doivent leur nomination à la faveur du monarque qu'ils célèbrent maintenant.

Jusqu'ici le chœur des thuriféraires de la tyrannie dont l'Espagne est victime n'ont su que crier : Vive le Roi ! sans justifier aucun des actes blâmables et immoraux que la majorité des Espagnols lui impute tout bas, et que moi, je me suis borné à publier dans mon livre, pour qu'ils fussent connus du monde entier.

Les constructeurs du Métropolitain de Madrid ont avoué que le roi est leur associé, tout en déclarant qu'il a fait ainsi preuve d'un grand patriotisme. C'est un progrès. Il y a deux ans, ceux qui insinuaient tant soit peu que le roi participait peut-être à cette entreprise, étaient menacés d'être poursuivis pour crime de lèse-majesté.

En revanche, les directeurs de la Compagnie Transméditerranéenne de Navigation ont mieux aimé garder un silence discret. Ils n'ont pas nié qu'Alphonse XIII possédât trois mille actions de leur société et figurât depuis des années sur leurs registres sous un nom supposé. Leur mutisme prouve qu'ils comprennent tout ce qu'il y a d'immoral dans une pareille affaire.

Même s'ils prétendaient que ces actions ont été non pas données toutes libérées au roi, mais réellement payées par lui, — ce qu'il leur serait facile de prouver en apparence, parce qu'ils peuvent maquiller, comme ils veulent, les registres de leur société, — celui qu'on appelle le second de Primo de Rivera, n'en paraîtrait pas moins un monarque vénal et un brasseur d'affaires. La Compagnie Transméditerranéenne est chargée d'un service public, touche pour s'en acquitter une subvention de l'État s'élevant à plusieurs millions, et le fait que le roi figure parmi ses principaux actionnaires, constitue bel et bien une protection accordée à une entreprise mercantile, qui comporte naturellement des actes de favoritisme et des pourboires d'une nature spéciale. Le jour où cessera la funeste guerre du Maroc, la Compagnie Transméditerranéenne, qui vit seulement grâce à l'appui du roi, verra ses opérations prendre fin, et le roi Alphonse XIII ne recevra plus de dividendes pour ses trois mille actions. Voilà pourquoi il désire que la guerre dure longtemps, — comme n'importe lequel de ces mercantis qui peuvent vendre du riz avarié et des souliers de carton pour l'armée, grâce aux pourboires qu'ils donnent à certains généraux.

Le chœur des thuriféraires de la monarchie n'a rien dit non plus pour nier les relations d'amitié de leur souverain avec les propriétaires des tripots espagnols ou étrangers, avec les trafiquants dignes du bagne et avec les requins de la finance qui, forts de la protection royale, se préparent à dévorer les richesses de l'Espagne.

Les défenseurs de la monarchie prouvent l'étroitesse de leur cerveau en ne trouvant que deux arguments. Nous tous qui censurons la façon de gouverner de ce gavroche ignorant, audacieux et noceur, nous sommes de mauvais Espagnols, des ennemis de la patrie, comme si la grande patrie espagnole, qui n'est pas seulement en Europe, mais embrasse la moitié du monde, où elle comprend vingt peuples qui parlent notre langue, était incarnée dans ce pauvre garçon aux jambes d'échassier, sportsman admiré par ses adulateurs, artisan de désastres pour la nation, toujours en quête de spéculations nouvelles, qui, physiquement et intellectuellement, nous offre une sorte de résurrection de Charles II l'Ensorcelé, mais en étant plus bavard et encore plus funeste que lui.

La seconde injure qu'on lance spécialement contre moi, c'est que, si j'attaque le roi, c'est « pour gagner de l'argent ». Mais je suis plus riche qu'Alphonse XIII !... Si l'on compare nos dépenses et notre façon de vivre à tous deux avec ce que chacun de nous deux gagne par an, moi en travaillant et lui sans rien faire, on trouvera que le romancier est beaucoup plus riche que le roi.

Ce qu'il y a de plus honteux dans la décadence où est tombée une certaine partie du peuple espagnol, c'est sa bassesse d'âme, sa misère intellectuelle, qui lui font soupçonner des visées d'intérêt pécuniaire et une spéculation secrète et mystérieuse dans tout acte désintéressé, dont elle est incapable de comprendre la générosité. Quand on voit pareille chose, il semble impossible que notre peuple soit celui de don Quichotte, celui de tant de grands écrivains et d'illustres hommes d'action qui ont mené une vie d'aventuriers héroïques. La monarchie, par cinquante ans d'éducation moitié monacale, moitié tauromachique, a donné à ses partisans une mentalité de cuisinière qui ne voit dans tout qu'un moyen de faire danser l'anse du panier.

Un jour, quand on pourra parler sans compromettre personne, je conterai tout ce que j'ai dépensé de ma fortune personnelle dans ces derniers mois pour arracher notre pays à son avilissement actuel. Nous verrons alors si un monarchiste a dépensé pour la défense de la monarchie ce que j'ai déboursé et ce que je continuerai à débourser pour sauver la liberté et la dignité de ma patrie.

Je ne suis pas aussi riche que bien des gens le croient, mais j'ai acquis par mon travail une fortune qui est considérable pour moi, parce que j'ai des goûts modestes et que ma façon de vivre est relativement simple. Cette fortune, je l'ai gagnée tout entière par ma plume, depuis la première peseta jusqu'à la dernière. Je puis en justifier la provenance, dollar par dollar.

Le produit des éditions espagnoles de mes livres, ce n'est pas moi qui le touche ; il y a des années que je l'ai abandonné à ma famille ; toute ma fortune actuelle, je la dois au public des pays étrangers. Mon représentant aux États-Unis, qui est *The Foreign Press Service*, de New-York, peut fournir le relevé exact de tout ce que j'ai gagné dans les pays de langue anglaise avec mes livres imprimés et les adaptations de mes romans pour le théâtre et pour le cinéma. En France, mes éditeurs, Calmann-Lévy et Flammarion, peuvent fournir des comptes de même nature, comme aussi mes autres éditeurs, en Italie, en Hongrie, en Allemagne, en Tchécoslovaquie, au Japon, etc... Je suis prêt à accepter le jugement d'un tribunal formé par les monarchistes les plus sots et les plus obtus de l'Espagne, ceux dont la stupidité est la plus notoire. Je leur soumettrai un relevé de ce que je possède (ce qui n'est pas peu de chose), et des maisons étrangères dont l'honorabilité est reconnue partout, feront connaître, avec pièces à l'appui, toutes les sommes qu'elles m'ont remises pour mes travaux littéraires, depuis le premier dollar jusqu'au dernier.

Je suis certain qu'Alphonse XIII et la majorité de ses partisans n'auront pas le courage de se soumettre à pareille épreuve. Le roi d'Espagne actuel n'acceptera point une révision de ses comptes personnels faite par un tribunal international composé de personnages d'une impartialité notoire. Il lui faudrait expliquer bien des recettes extraordinaires, et, de même que je suis prêt à faire comparaître les éditeurs qui me paient mon travail, il serait obligé de citer les Pedraza, les Marquet, la Compagnie Transméditer-

ranéenne et autres associés que la résistance des
gouvernements précédents a empêchés de réaliser
leurs projets, mais qui n'en avaient pas moins préparé des combinaisons désastreuses pour le pays.

Cette fortune personnelle que j'ai acquise par mon
travail, je l'emploierai au profit de la liberté et de
la dignité de l'Espagne. Nous autres, les mauvais
Espagnols, nous dépensons notre argent pour défendre notre patrie. C'est la seule chose que nous
puissions faire pour nous distinguer de ces « bons
patriotes », défenseurs d'Alphonse XIII, qui, durant
toute leur existence, ont vécu aux dépens de l'Espagne, tantôt directement, comme les fonctionnaires
qui touchent double paie, traitements et pourboires,
tantôt indirectement, comme ceux qui manipulent
l'opinion publique pour pouvoir faire des affaires.

Nul ne défend comme nous l'honneur de l'Espagne. Grâce à nous, le peuple espagnol gardera
une attitude digne devant les historiens de l'avenir.

Il y aurait quelque chose de pire que la triste
situation de l'Espagne aujourd'hui si arriérée, que
les spéculations d'Alphonse XIII, que la déroute
d'Annual, préparée par sa sottise présomptueuse, que
le repli désastreux de Primo de Rivera vers la côte,
ce serait, éventualité inouïe et vraiment horrible,
que l'Espagne vécût comme elle vit actuellement sans
qu'à l'étranger, un seul Espagnol élevât la voix pour
protester au nom de la patrie enchaînée et condamnée
au silence.

Heureusement pour la dignité nationale, nous
autres, Espagnols qui avons toujours été plus
estimés à l'étranger qu'Alphonse XIII et son cor-
tège de généraux ignares, nous avons préféré
les nobles amertumes de la proscription aux
plaisirs vulgaires et honteux d'un Madrid soumis au
régime tsariste, et nous protestons de l'autre côté des

Pyrénées, pour que le monde sache qu'il y a encore deux Espagnes, comme il y en a eu deux dans la grande guerre européenne.

L'une c'est l'Espagne des germanophiles, celle du comédien Alphonse XIII qui a trompé tout le monde, celle des généraux matamores dont les raclées et la déroute sont perpétuellement le lot, celle du fanatisme et de l'ignorance qui maintenant dansent et crient à leur aise dans la péninsule, comme les souris, quand le chat est loin. L'autre, c'est notre Espagne à nous, celle de tant d'Espagnols courageux et intelligents que les nécessités de l'existence forcent de continuer à vivre sur le sol de leur patrie, qu'ils aiment pour ce qu'elle sera dans l'avenir, mais dont la situation présente ne leur inspire que de la pitié et les fait, à toute heure, songer à une révolution capable de la sauver.

Grâce à nous, l'histoire ne verra pas dans le peuple espagnol un peuple qui n'a même pas la force de protester, un peuple mort à jamais. Grâce à nous, les nations civilisées gardent encore l'espoir qu'il pourra être dans l'avenir un peuple comme les autres, libre, ami du progrès, respectueux de toutes les croyances.

C'est parce que nous aimons notre patrie, — parce que nous l'aimons profondément, non comme les criailleurs payés, mais comme des hommes que poussent à la fois la raison et la noblesse du cœur, — que nous persisterons dans nos attaques contre une monarchie qui abêtit de plus en plus l'Espagne, contre le despotisme de généraux qui ne savent même pas leur métier et en sont à ne plus compter leurs défaites, contre l'Espagne de l'obscurantisme qui, tous les quinze ou vingt ans, court aveuglément à un effondrement, à une nouvelle déchéance, en préconisant toujours les solutions les plus absurdes et les plus antipatriotiques, l'Espagne de la guerre contre les colonies et de la fameuse marche de l'opérette, *Cadix*, l'Espagne germanophile de la guerre européenne, l'Espagne qui guerroie en ce moment au Maroc, regardant comme patriotique une lutte sans objet qui coûte cinq millions de pesetas par jour et a fait périr en trois ans 25.000 Espagnols.

Et comme nous sentons dans nos cœurs l'énergie du vrai patriotisme, nous ferons notre devoir, tout notre devoir, sans rien craindre.

On peut nous calomnier. On se lassera plus vite d'inventer des mensonges stupides que nous, de défendre l'Espagne. On peut mobiliser des bandits de la plume, en les payant à tant la ligne ; on peut lancer contre nous les assassins aux gages de Martinez Anido ou d'anciens tenanciers de tripots, ses nourrissons ; on peut pensionner des ratés de la littérature qui croient le moment venu de dépasser un tout petit peu le niveau de leur médiocrité ordinaire, s'élevant comme l'escarbot, quand il monte sur le tas d'excréments que, faute d'odorat, il s'obstine à grossir.

Nous continuerons !... « La Vérité est en marche et rien ne l'arrêtera. »

24 janvier 1925.

RÉPONSE DU ROI AU ROMANCIER

Alphonse XIII a répondu deux fois à mon premier tract sur son règne néfaste et sur ses spéculations, dans une lettre à l'évêque de Coria, et dans un discours prononcé à Cordoue, quelques jours après.

Dans cette lutte entre nous et le roi, nous avons remporté une victoire dès le début ; nous avons, en quelque sorte « démocratisé » l'héritier de la maison d'Autriche, en forçant le monarque de la cour de Madrid, où l'étiquette est si sévère, à se défendre lui-même, par des lettres et par des discours comme un simple président de la République.

Il faut remarquer, cependant, que s'il a agi ainsi, ce n'est pas par plaisir, (en dépit de sa manie oratoire, du reste toute récente), mais parce qu'il a été contraint de le faire, en voyant que personne ne prenait sa défense.

Aucun des hommes éminents de la monarchie espagnole, — je veux dire des anciens présidents du conseil, — n'a rien dit pour le laver de mes accusations. Seuls, quelques ex-ministres de dernier étage, sorte de journaliers de la politique, toujours à l'affût des profits possibles, qui n'ont joué dans les gouvernements passés que le rôle d'humbles figurants, sommés par les journalistes à la solde du roi, de faire une déclaration en faveur de celui-ci, lui ont consacré quelques lignes d'éloges, dictés par la crainte plus que par la sincérité. A ceux-ci se sont joints certains folliculaires accoutumés à louer leur plume, sans cesse en quête d'un travail bien rétribué, qui viendront au devant de nous au lendemain du triomphe de la République, à moins qu'ils n'osent pas, par crainte d'être reçus comme ils le méritent.

Pendant qu'Alphonse XIII organisait en sa faveur l'hommage des alcades nommés par lui, — cérémonie triomphale, avec accompagnement de chœurs et de danses, comme une opérette, qui a coûté aux contribuables espagnols plusieurs millions de pesetas, — il s'est défendu lui-même dans la lettre et dans le discours auxquels j'ai fait allusion plus haut.

La lettre adressée à l'évêque de Coria est ainsi conçue :

« Je suis en train de recevoir des protestations et des adhésions qui me réconfortent et m'encouragent. Personne ne m'a demandé si je voulais être roi. On m'a mis sur le trône et je dois y rester en m'efforçant de faire le bien, sans m'occuper des faiblesses dans lesquelles tombent parfois des hommes que nous admirions tous auparavant, assurément sans qu'il y ait de leur faute, mais parce qu'ils subissent l'influence du milieu dans lequel ils vivent, qu'ils reçoivent des informations fausses ou que de mauvaises pensées germent dans leur cerveau à un moment donné. Nous devons leur pardonner en espérant que dans l'avenir, au lieu d'écrire des libelles, ils recommenceront à écrire des romans intéressants que nous puissions tous lire et admirer. »

Je ne remercie pas mon ennemi de ce dernier éloge, parce que c'est une fausseté de plus à ajouter aux autres. Il n'a lu ni mes romans ni ceux de personne. Il a trop besoin de tout son temps pour les sports et pour ses spéculations. Mais laissons cela, car c'est hors du sujet.

La seule chose amusante dans la lettre d'Alphonse XIII, c'est que personne ne lui a demandé s'il voulait être roi... Mais quoiqu'on ne le lui ait pas demandé, il l'est, et il touche pour faire ce métier une quantité considérable de millions chaque année.

On n'a pas demandé non plus au peuple espagnol, qui n'a été pour rien dans sa naissance, s'il voulait que le fils de Doña Maria Cristina fût roi, et pourtant, on le force à lui verser tous ces millions.

En ce moment, un grand nombre d'Espagnols lui demandent de renoncer à la royauté, et lui, feint d'ignorer une pareille exigence. Peut-être va-t-il essayer de se justifier, en alléguant l'hommage qu'il s'est préparé lui-même, et d'autres manifestations loyalistes et enthousiastes de ses amis, qui semblent nombreux, parce qu'ils disposent du pouvoir, et qui ne dépasseraient pas une centaine, s'ils étaient malheureux et proscrits.

Pour que la vérité triomphe définitivement, nous pourrions faire ce que j'avais proposé dans mon premier tract. Organisons un plébiscite en toute liberté du peuple espagnol, et que celui-ci dise ce qu'il préfère, la République ou la monarchie. En serrant encore de plus près la question, il pourrait dire aussi s'il préfère comme monarque Alphonse XIII ou quelqu'autre roi, fût-ce un roi de jeu de cartes.

Si la majorité des Espagnols vote librement pour lui, je me condamnerai pour toujours au silence. Mais il n'y a pas à espérer que pareille chose se réalise sous son règne qui est celui de l'hypocrisie et de l'éternel mensonge.

Passons maintenant au discours de Cordoue.

En 1921, Alphonse XIII alla dans cette ville, on lui offrit un banquet, il s'enivra, — coutume qu'il a prise en avançant en âge, — et au dessert, entraîné par sa manie oratoire, il prononça un discours terriblement imprudent, où il laissa voir le fond de sa pensée et annonça la suppression du régime constitutionnel et l'établissement d'une dictature militaire, projets que Primo de Rivera mit à exécution sous ses ordres un peu plus tard.

Il vient de retourner à Cordoue, on lui a offert un autre banquet, il s'est enivré de nouveau, et il a prononcé un second discours dont l'extravagance et l'incohérence ne peuvent être dépassées.

Voici, en substance ce qu'il a dit pour m'attaquer :

« Pour répondre à cette campagne diffamatoire à laquelle a fait allusion l'alcade de Cordoue, je dois vous dire que j'ai toujours fait mon devoir et que ma conscience est satisfaite. Je compte sur mon peuple, et je vous assure que le roi mourra au poste qu'il occupe, mais que la boue ne le salira pas. Lorsqu'au Maroc, des hommes luttent et meurent sous le drapeau, celui qui les dénigre, est un traître à sa patrie. Il faut d'abord y aller et se trouver en face de la mort, avant de diffamer ceux qui luttent et ceux qui souffrent. On a calomnié mes officiers, alors que les cimetières du Maroc sont pleins de ceux qui ont donné glorieusement leur sang et leur vie. De telles calomnies ne peuvent être déversées impunément. On ne peut parler ainsi de ceux qui ont la poitrine criblée de balles. Celui qui tient des propos de ce genre, hors de l'Espagne à laquelle il n'a offert son sang en aucune occasion et qui vomit de pareilles injures et de pareilles calomnies, est un ennemi de son drapeau. Que Dieu veuille éclairer ce mauvais patriote et lui pardonner le tort fait à l'Espagne ! Combien serait-il préférable qu'au lieu de se livrer à de telles campagnes, il employât sa plume à ajouter des chants glorieux à l'épopée si belle de son pays. »

Quiconque a lu mon tract, peut se rendre compte sur-le-champ du toupet avec lequel la vérité est falsifiée par ce menteur couronné qui passe son temps à tromper ses courtisans, comme fit son bisaïeul Ferdinand VII, et croit qu'il pourra tromper pareillement l'opinion des nations étrangères.

Précisément je rends justice, dans mon livre, au courage des soldats espagnols rendu inutile par le mauvais commandement de l'armée du Maroc, et je déplore que 25.000 de mes compatriotes aient été tués dans une guerre n'ayant d'autre objet que de couvrir de gloire militaire cet imitateur de Guillaume II qui ne s'est jamais battu. Il croit employer un argument sans réplique, quand il m'accuse de n'avoir jamais versé mon sang pour ma Patrie. Quand aurais-je pu le faire ? Quand donc l'Espagne a-t-elle été envahie et quand tous les Espagnols ont-ils dû prendre les armes pour défendre leur territoire ?

Pendant ma vie l'Espagne n'a fait que deux guerres : l'une dans ses dernières colonies d'outre-mer, et, comme tous les hommes aux idées libérales, je me suis déclaré à ce moment-là partisan de la reconnaissance de l'indépendance de Cuba, de Porto-Rico et des îles Philippines ; l'autre, la guerre actuelle du Maroc, je la réprouve, car elle n'est pas une guerre nationale, mais une guerre uniquement faite pour satisfaire la vanité d'Alphonse XIII et pour favoriser les combinaisons louches de son entourage. En outre, je ne suis pas militaire de profession, je n'ai jamais touché un centime de la nation espagnole pour exercer un pareil métier ; je n'ai point d'uniforme. Je ne suis contraint par aucune obligation d'aller lutter dans une guerre coloniale que la majorité des Espagnols a en abomination.

En revanche, Alphonse XIII a touché, dès la mamelle, 9 millions de pesetas par an. Il a en ce moment, je crois, 39 ans, de façon qu'il a touché jusqu'ici du pauvre peuple espagnol, 351 millions, sans compter les listes civiles de chacun de ses enfants et les affaires secrètes considérables qu'il a pu mener à bien, si j'en crois un grand nombre d'Espagnols et d'étrangers, grâce à son influence de roi.

La seule chose qu'il ait faite en reconnaissance de bénéfices si énormes, a été de changer une douzaine de fois d'uniformes par jour, comme font les mannequins chez les grands couturiers, et, quand a éclaté une guerre, fruit de son imagination, comme celle du Maroc, il a eu bien soin de ne pas y aller, pour ne pas verser son sang si précieux. Son unique exploit militaire a été, jusqu'ici, de jouer au Casino de Deauville, pendant que plus de 10.000 soldats espagnols mouraient en Afrique pour avoir suivi ses plans stratégiques insensés et que 1.000 autres gémissaient, misérables, dans les geôles des Riffains.

Il paraît que le désir d'Alphonse XIII serait de me voir consacrer mon temps à écrire des chants en l'honneur de ma Patrie, c'est-à-dire en son honneur, car l'arrière-petit-fils de Ferdinand VII identifie modestement sa personne avec la Patrie.

Or, me voir chanter les titres de gloire d'Alphonse XIII, l'épouvantable massacre d'Annual, organisé par son ignorance, la catastrophe et la retraite de Primo de Rivera, la misère, l'inculture et le fanatisme religieux fomentés par lui en Espagne, serait une honte plus grande encore que toutes celles dont souffre ma Patrie sous son règne.

24 janvier 1925.

ALPHONSE XIII TENTE DE ME POURSUIVRE
EN FRANCE

A cause de la publication de mon premier tract,
— bien qu'il ait été imprimé à Paris, — on m'a
intenté deux procès en Espagne : l'un pour crime de
lèse-majesté, l'autre pour tentative d'attentat contre
l'ordre public, l'un devant un tribunal civil, l'autre
devant un tribunal militaire, qui tous deux ont dé-
cidé, avant tout, de saisir mes biens.

Mais Alphonse XIII a trouvé que ce n'était pas
assez, et il a eu l'audace de vouloir continuer ses
poursuites par delà les Pyrénées, comme si les Bourbons régnaient encore en France, comme si la fameuse Révolution de 1789 n'avait jamais existé, et
si le peuple français n'était pas en république.

Après deux mois de tentatives diplomatiques inu-
tiles et de recherches vaines, faites par des juriscon-
sultes bien payés, ceux-ci finirent par trouver parmi
un tas de vieilles lois oubliées, une loi sur la presse
datant de Napoléon III et réformée plus tard, selon
laquelle les attaques contre un souverain étranger
méritent un châtiment. A la suite de quoi l'ambassadeur d'Espagne, (peut-être en rechignant, parce
qu'il connaît bien l'esprit français), présenta au

gouvernement de la République, au nom du roi, une requête pour que les tribunaux de Paris me fissent un procès à cause de mon tract intitulé *Alphonse XIII démasqué.*

Je n'ai pas besoin de dire ici, car le fait est récent et, tout le monde peut s'en souvenir, l'indignation que déchaîna une pareille prétention. De nombreux journaux protestèrent bruyamment contre la demande d'Alphonse XIII ; d'autres montrèrent par leur silence la maladresse d'une pareille démarche, bien qu'ils fussent des organes de la droite. Les écrivains, au nom de la liberté de pensée, condamnèrent ce procès qui eût été un scandale inouï. Je pourrais mentionner aussi les témoignages de sympathie et les éloges qui me furent adressés, excellente réponse à cette démarche imprudente, mais je trouve inutile d'en parler.

Le député M. Paul Laffont interpella le gouvernement français sur cette affaire dans la séance du 16 janvier, et la Chambre entière manifesta, d'un accord unanime, sa surprise devant les poursuites inouïes d'Alphonse XIII.

Les députés Ernest Lafont, Marius Moutet et le chef du gouvernement, M. Herriot, prirent aussi la parole. L'ancien ministre, M. Paul-Boncour, mit fin au débat par quelques mots élogieux pour moi et pour mon œuvre, mais au fond menaçants pour le monarque espagnol, car il y fit voir le ridicule de sa tentative de poursuites, et le danger pour lui de persister dans une pareille attitude.

« Les sentiments — dit M. Paul-Boncour — qui viennent de se manifester sur tous les bancs de la Chambre en l'honneur du grand écrivain Blasco-Ibañez, permettent au gouvernement de faire comprendre au représentant de l'Espagne que ce procès, plus que désagréable, douloureux à la France, ne peut comporter rien de bon pour son propre gouvernement. » (*Vifs applaudissements.*)

Après cette attitude hostile de la Chambre française, qui fut en même temps un hommage pour moi, Alphonse XIII, effrayé de la bêtise qu'il allait faire, s'empressa d'envoyer un télégramme au chef du gouvernement français, où il disait qu'il se désistait de ses poursuites.

Le président du Conseil, à cause de sa situation, situation qui oblige bien souvent celui qui en est investi, à des témoignages de respect protocolaires peu sentis, a cru opportun, en rendant compte à la Chambre de la piteuse retraite d'Alphonse XIII, d'adoucir l'amertume de cette déroute en louant le vaincu de sa décision à laquelle il donna le nom « d'acte de libéralisme ».

Pour cette raison et pour manifester ma reconnaissance à l'opinion française, j'ai envoyé la lettre suivante au chef du gouvernement :

UNE LETTRE A M. HERRIOT

Menton, 21 janvier 1925.

A Monsieur Édouard Herriot, Président du Conseil,
Paris.

« Illustre confrère et ami, je vous remercie de tout cœur pour les paroles affectueuses que vous m'avez adressées dans votre discours, en commentant devant la Chambre la requête présentée par Alphonse XIII pour obtenir que l'on me fît un procès à l'occasion du livre que j'ai écrit contre lui et contre la tyrannie militariste. Mais je vois qu'en annonçant quelques jours plus tard à la Chambre que le dit roi s'était désisté de ses poursuites, vous avez été trop indulgent en supposant qu'il y avait dans cet acte une preuve du libéralisme d'Alphonse XIII.

« Le roi d'Espagne ne s'est pas désisté de ses poursuites par libéralisme, mais uniquement parce qu'il a eu peur de l'opinion du peuple français, après les discours prononcés dans la séance à laquelle je fais allusion plus haut, par les députés Paul Laffont, Ernest Lafont, Paul-Boncour et par vous-même, comme chef du gouvernement, et après les protestations de la plupart des journaux de Paris et de province.

« C'est une ironie de parler du libéralisme d'Alphonse XIII, quand, sur son ordre, on vient de me confisquer les biens que j'ai en Espagne, on me fait là-bas deux procès, l'un devant le tribunal civil, l'autre devant un conseil de guerre, on a effacé mon nom sur les plaques des rues et des places qui le portaient, et que les amis du roi ont été jusqu'à projeter de brûler solennellement mes œuvres littéraires dans l'une des avenues les plus centrales de Madrid, comme on eût fait aux plus beaux jours de l'Inquisition.

« Les journaux et les livres restent soumis, dans l'Espagne d'Alphonse XIII, à la censure ; personne ne peut parler, personne ne peut publier ses écrits, sans le visa préalable du Directoire. Il y a deux mois à peine, les juges d'un conseil de guerre furent mis aux arrêts pour s'être refusés à condamner à mort, sans aucune preuve, trois malheureux ouvriers. Le fiscal du Conseil suprême de la guerre fut contraint de demander sa retraite, pour s'être refusé également à accuser sans preuves.

« Après avoir usé de ce procédé pour terroriser les juges, on forma un second tribunal plus docile, pour qu'il condamnât à mort les trois accusés de Vera, qui subirent le honteux supplice du garrot.

« Alphonse XIII s'est désisté aussi de ses poursuites en apprenant que dans son procès allaient comparaître en ma faveur plus de cent témoins célèbres, écrivains illustres de la France et de l'étranger, anciens chefs de gouvernements, hommes politiques fameux de France, d'Angleterre, de Belgique, d'Italie, d'Espagne, etc. Ce procès où l'on m'aurait condamné à un franc d'amende au plus, allait devenir celui d'Alphonse XIII et de la tyrannie militariste en Espagne devant l'opinion de Paris, c'est-à-dire, devant celle du monde entier. Et l'éternel comédien a voulu donner à sa panique et à sa déroute l'apparence d'un acte de générosité.

« Vous ignorez, Monsieur Herriot, la crédulité inouïe des pauvres Espagnols, soumis à la méthode d'éducation de la monarchie, basée sur le mensonge ; vous ne pouvez vous imaginer comment on dénature les faits de l'autre côté des Pyrénées. A l'heure qu'il est, dans beaucoup de villes espagnoles, les maires, qui, à présent, sont tous nommés par le roi, les commissaires du Directoire, représentants de la terreur militariste, et tous ceux qui sont chargés d'entretenir l'obscurantisme en Espagne, louent sûrement la magnanimité de leur roi « qui m'a pardonné à Paris ». Il y a quelques semaines, les journaux d'Alphonse XIII annonçaient à grand fracas le procès ridicule qu'on allait me faire en France, en affirmant que la République française allait décréter mon extradition et me livrer au gouvernement espagnol, ce qui était une insulte pour votre noble pays, que seuls les réactionnaires espagnols peuvent croire capables d'une telle lâcheté.

« Maintenant, on dira que les tribunaux de Paris allaient pour le moins me condamner à être guillotiné et que j'ai pu sauver ma tête, grâce au beau geste d'Alphonse XIII, auquel monsieur Herriot lui-même a rendu justice en félicitant le roi de son acte de libéralisme. Ils ajouteront même que j'ai moins de cœur et que je suis un impie encore plus endurci que le chef du gouvernement français, parce que je ne saurai jamais remercier Alphonse XIII de m'avoir sauvé la vie, en lui demandant pardon à genoux.

« Je ne puis éprouver de reconnaissance qu'envers la France, ma seconde patrie, qui s'est mise en travers des desseins d'Alphonse XIII, quand il a essayé de me poursuivre sur le territoire français, comme il le fait actuellement en Espagne. Il y a des mois que je ne reçois aucune lettre de mon pays et, pour ma part, je n'écris à personne, car ceux qui recevraient une lettre de moi, risqueraient d'être poursuivis et mis en prison.

« En résumé, le roi d'Espagne n'a fait autre chose que de fuir devant l'opinion française. Nous ferons en sorte qu'il soit obligé de fuir aussi devant l'opinion espagnole réveillée.

« Recevez, Monsieur le Président, les sentiments affectueux de votre confrère et admirateur.

« VICENTE BLASCO IBAÑEZ ».

RÉPONSE A MONSIEUR POINCARÉ

L'illustre M. Poincaré, homme aux idées et aux mœurs républicaines, qui, lorsqu'il cessa d'être Président du Conseil, prit la plume pour collaborer à des journaux et à des revues, afin de pouvoir subvenir aux besoins de sa vie austère, a publié dans la « *Nación* » de Buenos-Aires un article où il fait allusion à moi sur un ton affectueux dont je lui suis reconnaissant, et essaie en même temps de défendre la conduite d'Alphonse XIII pendant la guerre européenne.

Pareille chose ne m'étonne pas chez M. Poincaré. Il a les plus nobles vertus humaines et parmi elles, peut-être, la meilleure de toutes qui est la fidélité en amitié. Quand il était président de la République, Alphonse XIII s'est assis à sa table à l'Élysée et, ensuite, il lui a rendu sa visite à Madrid.

Peut-être certains supposeront-ils que les amis d'Alphonse XIII ont demandé à M. Poincaré ce plaidoyer en faveur de leur roi. Je reconnais que cette hypothèse pourrait être émise, étant donné l'activité avec laquelle se remuent ces agents de la monarchie qui demandent des « certificats de bonne conduite » pour leur monarque à tous les personnages importants. On connaît les réponses dédaigneuses de

Maura, de Sanchez Guerra, du marquis de Alhucemas, etc., anciens présidents du Conseil en Espagne. Mais moi, je préfère croire que le plaidoyer de ·M. Poincaré est spontané. Le journaliste a vu un thème d'actualité dans mon pamphlet contre Alphonse XII et a écrit tout simplement un article sur ce sujet.

Le malheur pour Alphonse XIII, c'est que M. Poincaré ne le défend en rien, ainsi que le reconnaissent de nombreux journaux français en commentant son article.

Il aurait pu réduire à néant pour toujours les accusations que je formule contre le roi d'Espagne, par exemple au point de vue de sa conduite de germanophile hypocrite ; il ne l'a pas fait. Et pourtant, personne ne pouvait être mieux informé que lui à ce sujet, puisqu'il a été président de la République pendant la guerre.

M. Poincaré se borne à faire savoir qu'Alphonse XIII donna l'assurance que l'Espagne resterait neutre en cas de conflit entre la France et l'Allemagne. Je n'ai pas démenti ce fait, je n'en ai même pas parlé, si bien que personne ne peut comprendre la nécessité ni l'à-propos d'une pareille affirmation. Dans mon pamphlet je ne dis pas un mot sur la neutralité des hommes d'État espagnols avant la guerre. Je ne nie pas non plus que pendant la guerre Alphonse XIII ait établi des services humanitaires à Madrid pour l'échange de prisonniers, etc.

Ce que j'affirme dans mon livre, et je continue à le soutenir, c'est que ces services humanitaires organisés par Alphonse XIII dans son palais, avec plusieurs employés, sont une sorte d'alibi, semblable à ceux qu'emploient les délinquants pour masquer ou dissimuler leurs mauvaises actions. Je répète qu'au moment où le roi d'Espagne échangeait des Français contre des Allemands, il permettait aux sous-marins allemands d'organiser et de mettre à exécution, sur les côtes de son royaume, des attaques meurtrières contre les vaisseaux alliés, et que des bandes d'assassins, dirigés par des agents allemands, opéraient à Barcelone et dans les autres ports pour intimider les partisans de la France et pour renseigner ou ravitailler les pirates qui montaient les sous-marins.

En outre les gestes humanitaires d'Alphonse XIII ont été exagérés d'une façon scandaleuse, c'était plutôt une parade de comédien qu'une œuvre sereine, désintéressée et généreuse, de véritable philanthrope.

Le bureau central de la Croix-Rouge à Genève a fait mille fois plus que le roi d'Espagne. Le peuple suisse a réalisé avec modestie et avec ténacité la même œuvre en arrivant à un meilleur résultat. A Genève, des hommes et des femmes des classes sociales les plus élevées peuplaient les bureaux, travaillant jour et nuit, répartis en plusieurs équipes ; mais comme leur œuvre fut anonyme, démocratique et désintéressée, en un mot l'effort collectif d'un peuple républicain, personne ne se souvient plus de la Croix-Rouge de Genève, et tous les éloges vont au baladin couronné de Madrid, qui, en même temps qu'il échangeait publiquement des prisonniers vivants, aidait dans la coulisse à tuer sur mer des marins et des passagers, en favorisant ou en tolérant une campagne sous-marine éhontée sur les côtes de son pays.

En résumé, tout ce qu'affirme M. Poincaré dans son article, est qu'Alphonse XIII se déclara neutre au début de la guerre, et qu'il organisa à Madrid des services humanitaires. Il n'en dit pas plus et c'est malheureux ; car lui qui a été président de la République, en sait sûrement plus que moi. Il ne cherche pas à rétorquer mon affirmation, quand j'assure qu'Alphonse XIII, par germanophilie ou par légèreté de caractère, a procuré à l'ambassade allemande de Madrid des renseignements sur des opérations militaires des Français. Il ne mentionne pas certains télégrammes de l'attaché allemand à Madrid, qui furent surpris et déchiffrés par les Français. Il ne parle pas non plus dans son article de ce que j'ai dit sur le torpillage des bateaux alliés, au long des côtes espagnoles ; il passe sous silence aussi l'opinion qu'avaient pendant la guerre sur la conduite d'Alphonse XIII, beaucoup de personnages qui furent ministres sous la présidence de M. Poincaré.

Il y a encore une chose que cet illustre écrivain et homme d'État aurait pu éclaircir définitivement, en nous disant quel motif secret poussa Alphonse XIII à demander au président M. Poincaré de rappeler de Madrid certain attaché militaire de l'ambassade de France.

M. Poincaré pourrait parler mieux que personne de la conduite d'Alphonse XIII pendant la guerre, mais ses scrupules personnels ou sa discrétion d'ancien chef de gouvernement sur ce qu'on appelle les « secrets d'État », l'empêchent de s'exprimer avec détails et en toute liberté.

« — Alors, se diront beaucoup de lecteurs, pourquoi diable a-t-il pris la peine de faire un article sur un pareil sujet ?... »

Moi, j'ai pour M. Poincaré une admiration pleine de sympathie. Durant la guerre, j'ai suivi avec attention ses efforts de grand patriote, et jamais je ne me permettrai d'émettre un jugement qui puisse être considéré comme une critique malveillante. Je me hasarde seulement à dire que des quotidiens français importants ont été du même avis que la *Dépêche de Toulouse* ; ce journal qui tire à plus d'un million et qui est très fidèle à la vraie tradition républicaine, a déclaré, dans un article, « que les arguments de M. Raymond Poincaré portent sur tout, sauf sur les points essentiels du pamphlet de M. Blasco-Ibañez, et ne réfutent aucune de ses critiques importantes ».

Je m'incline devant la conduite noble et élevée de M. Poincaré qui a voulu défendre un ami, tout en évitant la partie essentielle du plaidoyer, parce que le terrain était glissant.

Le geste est admirable, digne de son auteur, mais, comme le déclarent plusieurs journalistes français, complètement inutile quant à présent.

Après son article de la *Nación*, l'illustre républicain, M. Poincaré, continue d'être le M. Poincaré de toujours, homme digne d'un grand respect.

Et Alphonse XIII continue d'être « mon » Alphonse XIII. Il reste debout tel que je l'ai peint dans mon livre.

A UN AMI D'ALPHONSE XIII

L'*Écho de Paris*, qui est, à ce qu'il semble, le journal préféré de l'ambassadeur d'Espagne en France, a publié un interview du général Denvignes qui prétend répondre à ce que j'ai dit dans mon tract *Alphonse XIII démasqué*. Comme il s'agit d'un interview et non d'un article signé, j'ignore si le personnage en question a dit exactement ce qui est publié dans le journal, mais tant qu'il n'aura rien rectifié, je dois m'en tenir dans ma réponse à ce qui a paru.

Je ne connais pas le général Denvignes. Je sais seulement que, durant les premières années de la guerre, il était attaché militaire à l'ambassade de France à Madrid et grand ami d'Alphonse XIII. Peut-être jouait-il au polo avec lui, tout en devisant de chevaux et d'autres choses qui sont du goût du monarque.

J'appris plus tard par les journaux qu'il avait eu le malheur de perdre plusieurs documents officiels importants, distraction pour laquelle un conseil de guerre le condamna à la perte de son emploi, et qu'il finit par partir pour la guerre où il se conduisit courageusement comme tous les soldats et les officiers français.

Je ne mentionne ces faits qu'afin de pouvoir affir-

mer en toute justice que j'approuve le susdit général
de défendre le roi d'Espagne. Les amis doivent toujours défendre leurs amis, et la reconnaissance pour
les politesses que l'on a reçues, est une des princi-
pales vertus de l'homme bien élevé. Mais après tant
de formules de courtoisie, je dois dire à ce monsieur
— avec tout le respect qui est dû à un général de
la République française — que les arguments
qu'il sort pour défendre son royal ami, pèchent
par la base, et qu'il est extrêmement facile de les
réfuter. En outre, quand on veut rétorquer ce
qui se trouve dans un livre, il faut l'examiner en
bloc, répondre à tout, absolument à tout ce qui est
dit dans ses pages ; on ne se met pas à picorer,
comme un moineau, à droite et à gauche, ce qu'on
trouve bon pour les besoins de la cause, en feignant
de ne pas voir ce qui est irréfutable, comme l'a fait.
avec mon pamphlet, le respectable M. Poincaré, dont
ce général prétend suivre les traces.

Si je lui réponds, c'est pour réduire à néant trois
arguments sans fondement qu'emploient en France
les rares amis d'Alphonse XIII, qui voudraient que ce
germanophile hypocrite continuât à être considéré
comme un grand ami de la France, presque comme
un sauveur des Alliés.

Voici le premier argument : Alphonse XIII, lorsque
la guerre éclata, donna sa parole de ne pas mettre
une armée sur la frontière des Pyrénées, ce qui per-
mit à la France d'envoyer au front beaucoup de
troupes qu'elle aurait dû immobiliser pour tenir en
observation les forces espagnoles. Une personne qui
ajoute foi à pareille chose, a une mentalité digne du
moyen âge puisqu'elle s'imagine qu'en Espagne il
n'y a que le roi, et que le pays n'a pas d'opinion et
ne compte pas.

Nous autres, Espagnols, nous sommes mieux informés sur la question. Lorsque la guerre éclata, il y eut ausitôt en Espagne beaucoup de germanophiles ; il exista un groupe moins nombreux de partisans des Alliés, qui est allé ensuite en grossissant ; quant à l'immense majorité du pays, elle s'est montrée simplement ennemie des uns et des autres, hostile surtout à la guerre et à tout ce qui pourrait mêler l'Espagne au conflit européen. Moi-même, ardent ami de la France, je fus accusé par les germanophiles, — pour avoir fait campagne en faveur d'une neutralité sympathique aux Français, — de vouloir entraîner l'Espagne dans la guerre ; cela me valut une impopularité momentanée, mais terrible et de nombreuses insultes proférées par des gens de bonne foi, prompts à se soulever contre l'idée d'une intervention possible dans la lutte.

L'arrière-petit-fils de Ferdinand VII, assez fin matois pour présenter comme une faveur un acte que lui commandait son propre intérêt, qualifie de service rendu à la France, ce qui fut pour lui une nécessité inéluctable. Il eût été vraiment intéressant de le voir décréter en 1914, la neutralité armée et la mobilisation, et mettre une armée menaçante à la frontière française. S'il avait agi ainsi, il y a des années qu'il ne serait plus sur le trône d'Espagne. L'ordre de mobilisation aurait provoqué de nombreuses insurrections. Et celles-ci n'auraient point été l'œuvre des partis avancés, mais simplement une protestation spontanée de la masse favorable à la neutralité et hostile à toute intervention dans la guerre ; elle éprouvait une aversion tellement irréductible pour le sacrifice en faveur des uns ou des autres, qu'elle eût été capable de prendre les résolutions les plus extrêmes pour éviter pareille chose.

La guerre a été pour Alphonse XIII une période

difficile. Il lui a fallu faire, comme le joueur qui emploie en même temps deux jeux de cartes, flatter d'un côté la France, de l'autre l'Allemagne. Lequel des deux pays trompait-il ? Je crois que c'est la France, et vous le verrez par ce que je dirai plus loin.

Voici le second argument du dit général : il mentionne les services que l'industrie et les mines espagnoles rendirent à la France pour la fabrication des munitions, l'importation des pyrites d'Espagne, si nécessaires pour fabriquer des explosifs, et les grands envois faits par les ateliers de Catalogne. En écoutant ces panégyristes d'Alphonse XIII à Paris, du reste si rares qu'on peut les compter, il semble que ce soit le roi qui ait tout fait, et que les producteurs espagnols aient servi la France, uniquement pour faire plaisir à leur monarque. Ils paraissent ignorer l'existence de la nation, sa vie économique, son besoin de vendre, l'appétit commercial qui s'empare de tout un peuple, quand il peut profiter des difficultés du voisin, en réalisant d'énormes bénéfices. Ils oublient également avec une inexplicable étourderie que les Alliés étaient maîtres de l'Atlantique et de la Méditerranée et que les Allemands ne pouvaient pas envoyer leurs bateaux marchands faire des achats en Espagne. Les propriétaires des mines espagnoles vendirent tout ce qu'on leur demanda. Quelques-uns d'entre eux qui étaient germanophiles, auraient mieux aimé vendre aux Allemands, mais leurs uniques clients étaient les Alliés, et ils s'efforcèrent de profiter le mieux possible des circonstances.

Il eût été, du reste, très intéressant de voir Alphonse XIII défendre aux propriétaires miniers et aux industriels espagnols, au nom d'une neutralité absolue, de vendre leurs produits à la France et à l'Angleterre. Beaucoup de ceux qui fournissaient les pyrites et autres matières nécessaires pour la guerre.

auraient été les premiers à se révolter contre lui, du moment qu'il voulait leur faire manquer la plus belle affaire de leur vie. Qui sait en outre si le roi avait ou n'avait pas une participation commerciale dans un grand nombre d'exportations ?... Cette question n'est pas invraisemblable, puisqu'il possède des actions dans la plupart des affaires importantes de mon pays.

Il résulte donc logiquement de tout cela que l'Espagne, comme tous les peuples neutres de l'Europe et de l'Amérique, a profité de la guerre pour vendre ses produits à des prix inconnus jusque là, qu'elle les a vendus au client le plus voisin, à celui qui pouvait venir les acheter, et que jamais Alphonse XIII n'aurait pu s'opposer à ce négoce qui faisait la prospérité nationale. C'est ainsi que sont entrés en Espagne 12 milliards de pesetas or, qui n'ont pas servi au progrès du pays, mais à la continuation de la fameuse guerre du Maroc.

Je parle suffisamment dans mon tract de la production industrielle de la Catalogne qui fut une sorte de gigantesque atelier de la France. Les producteurs catalans les plus enthousiastes et les plus résolus n'étaient point les amis du roi. Beaucoup d'entre eux travaillèrent, poussés par une passion politique qui intensifiait leur activité industrielle. Un des plus zélés mourut assassiné par les agents allemands installés tranquillement à Barcelone, qui entretenaient des relations amicales avec la police d'Alphonse XIII. Mais bien que j'aie déjà dit tout cela dans mon premier tract, les défenseurs de ce monarque, ou bien ne l'ont pas lu, ou se sont appliqués à le passer sous silence, malgré leur qualité de Français.

Nous arrivons maintenant au troisième argument, le plus répété et le plus rebattu de tous, c'est l'intervention humanitaire du roi d'Espagne dans la guerre, ses échanges de prisonniers. J'ai déjà dit en diverses occasions que toute cette charité a servi au roi d'alibi pour dissimuler ses manèges de germanophile. Les habitants de Genève et d'autres villes suisses ont fait bien plus que lui dans cette œuvre humanitaire, et cependant ceux qui vantent avec un si grand enthousiasme sa charité et sa générosité, ont bien soin d'oublier leur intervention, sans doute parce qu'ils ont montré dans l'accomplissement de leur travail une modestie digne de citoyens républicains. Acceptons le chiffre de 60.000 pour les prisonniers alliés que le roi d'Espagne arriva à rendre à leurs pays respectifs. Ce chiffre a été sûrement fourni par Alphonse XIII lui-même et ne doit pas être rigoureusement exact. Mais qu'importe ? Mettons 60.000, et allons, si l'on veut, jusqu'à 80.000 ou 100.000 ; pour moi cela revient au même, car ces 60.000 Français, Anglais et Belges représentent simplement 60.000 prisonniers allemands que la France et les nations alliées ont dû mettre en liberté à la requête d'Alphonse XIII, pour permettre à celui-ci d'être écouté en Allemagne. En somme il est clair qu'en ce moment un général allemand peut entonner un hymne en l'honneur d'Alphonse XIII pour célébrer l'intervention du roi d'Espagne en faveur des prisonniers allemands, en alléguant des raisons du même genre que celles du général Denvignes.

Les défenseurs d'Alphonse de Habsbourg essaieront peut-être, en dernier recours, de le présenter comme un esprit sublime, oublieux de ces différences mesquines qui séparent les peuples et les races, comme un surhomme qui plane « au-dessus de la mêlée », en ne voyant que des êtres humains là où les autres voient des Français et des Allemands. Je ne sais si ceux qui ont été en relations avec Alphonse XIII pourront se le figurer ainsi. Je ne le crois pas, car même ses amis les plus intimes le tiennent pour un jouisseur plein d'entrain, très attaché aux matérialités de la vie et peu enclin à l'idéalisme. Lui supposer des vertus de philosophe serait une hypothèse qui ferait rire ceux qui l'entourent aussi bien que lui-même du reste.

Si quelques très rares Français proclament qu'il est un grand ami de leur pays, parce qu'imitateur du bureau philanthropique de Genève, il a obtenu par ses démarches la mise en liberté de 60.000 prisonniers alliés, les Allemands peuvent avec autant de raison le proclamer un grand ami de l'Allemagne, puisqu'il a délivré en même temps 60.000 Allemands.

Je puis affirmer que les Allemands nationalistes et francophobes le considèrent comme « leur homme ». J'en ai eu des preuves toutes récentes. Mon tract a été traduit dans toutes les langues d'Europe, sauf en italien et en allemand. En Italie, plusieurs traducteurs n'ont pas pu faire imprimer leur version, ce qui n'a rien d'extraordinaire, car la dictature mussoliniste est cousine germaine de la dictature militariste espagnole. En Allemagne, non seulement mon livre n'a pas été traduit, mais encore tous les journaux réactionnaires et patriotes, en commentant l'édition française, ont écrit contre moi des articles pires qu'au moment où j'ai publié *Les quatre cavaliers de l'Apocalypse*, et consacré en même temps d'hyperboliques éloges à Alphonse XIII. Je pose de nouveau ma question de tout à l'heure : « Lequel des deux partis en lutte a été trompé par cet homme ? »

La France et les Alliés, sans aucun doute. Je l'explique bien clairement dans mon livre, quand je cite les preuves de la germanophilie d'Alphonse XIII, ces preuves que passent sous silence les rares Français qui ont prétendu justifier la conduite du roi d'Espagne pendant la guerre. Je continue à l'accuser (et ceci est plus important que tout ce que j'ai écrit jusqu'ici), d'avoir aidé la campagne des sous-marins allemands en permettant à ceux-ci de rester aux aguets dans les eaux espagnoles, chaque fois que cela leur était utile, et de se réfugier dans les abris peu fréquentés de nos côtes.

Alphonse XIII, pour lequel l'idéalisme est une chose qui n'existe pas, et qui va toujours du côté où il croit qu'est son intérêt, fut hanté par une idée fixe durant les dernières années de la guerre. Il crut comme beaucoup au triomphe final de l'Allemagne. Il ne pensa jamais cependant à se déclarer franchement contre la France et l'Angleterre, parce que l'opération ne laissait pas d'être très dangereuse, étant donné que la plupart des ports espagnols sont ouverts. En outre, il lui suffisait, pour rester en termes amicaux avec l'Allemagne, de continuer à tolérer la campagne des sous-marins allemands dans les eaux espagnoles. Sa mère, l'archiduchesse autrichienne, les dames de l'ambassade d'Allemagne à Madrid, l'ambassadeur d'Espagne à Berlin et d'autres personnes encore maintenaient ses bonnes relations avec le Kaiser, bien qu'en temps de paix leur rivalité d'histrion les eût empêchés de sympathiser l'un avec l'autre.

Il avait placé tous ses espoirs sur l'Allemagne. **La** victoire des Alliés ne pouvait rien lui donner. En revanche, si Guillaume II triomphait, les intermédiaires germanophiles lui faisaient entrevoir la **pos**sibilité de supprimer la République portugaise, **sans** appui, une fois l'Angleterre vaincue, et après, d'être couronné empereur de toute la péninsule ibérique.

Le général Denvignes s'amuse à nous conter que les sous-marins allemands, comme tous les vaisseaux belligérants, avaient le droit de rester vingt-quatre **heures dans un port neutre et qu'Alphonse XIII ne**

fit qu'obéir à la loi en leur permettant de jeter l'ancre
à Carthagène et autres ports espagnols pendant le
laps de temps mentionné plus haut. Tout cela, général, nous le savons parfaitement, comme tous ceux
qui ont suivi de près la guerre, et il est inutile de le
rappeler. Mais il ne s'agit pas, en l'occurrence de
ports fréquentés où l'on est forcé d'obéir à la loi. Ce
que j'ai dit et ce que je continue à dire, c'est qu'Alphonse XIII a toléré, à Barcelone, la présence d'agents
allemands, les uns chefs de bandes d'assassins qui
essayèrent de terroriser les industriels favorables aux
Alliés, les autres, chargés de ravitailler et de renseigner les sous-marins allemands, au vu et au su des
petits villages de la côte.

Avec une politesse dont je le remercie, le susdit
général, chaque fois qu'il parle de moi et qu'il veut
me démentir, dit qu'on m'a « mal informé », comme
si j'étais un enfant qui répète ce qu'on lui raconte,
avec l'inconscience d'un perroquet. Peut-être croit-il
que pendant la guerre j'étais caché au fond de ma
maison, sans rien savoir de plus que ce qu'on lisait
dans les journaux. Bien qu'il ait été attaché militaire
pendant deux ans à l'ambassade française à Madrid,
ses occupations auprès du roi ne lui permirent pas
d'apprendre que je courais par le monde, faisant
spontanément tout ce que je pouvais pour la France.

Comme je suis originaire des bords de la Méditerranée, et que j'ai de nombreux amis, hommes politiques ou simples particuliers, installés sur son
littoral, je pus apprendre — tout en vivant à Paris,
où j'écrivais des articles pour défendre les Alliés —
l'insolence avec laquelle les Allemands pouvaient
aider en Espagne les sous-marins de leur pays et
la tolérance inexplicable du gouvernement espagnol.
J'ai été le fondateur et le conseiller de quelques associations de pêcheurs sur la côte de la Méditerranée, je

connais également d'autres sociétés de chargeurs dans
les ports; j'en profitai en 1916, dans mon désir de servir les Alliés, pour aller, de ma propre initiative, en
Espagne, voir sur les lieux s'il m'était possible d'empêcher, au moyen de mes amis — tous francophiles
— et même de « la canaille », pour reprendre le mot
d'Alphonse XIII, le ravitaillement des sous-marins
allemands. Quelques députés français qui connais-
saient mon projet, le dévoilèrent au Ministre de la
Marine d'alors, et en arrivant à Barcelone, je trouvai,
venant au devant de moi, un attaché naval à l'ambassade de France, à Madrid, M. de Roucy, jeune
héros qui avait été frappé par bon nombre de balles
pendant la glorieuse résistance des fusiliers marins à
Dixmude. Un an après, ce lieutenant de vaisseau
mourut des suites de ces blessures.

Lui et moi, nous nous occupâmes d'entraver ou
d'empêcher complètement le ravitaillement des sous-
marins sur les côtes de la Catalogne et de la province de Valence. Je dois avouer maintenant que,
pour y parvenir, je ne m'abouchai pas seulement
avec les présidents des sociétés de pêcheurs et d'ouvriers des ports. J'eus aussi une conférence avec les
chefs de plusieurs sociétés de contrebandiers. Il n'y
a pas lieu de s'en scandaliser. Le plus important des
contrebandiers espagnols, qui ne put assister à notre
réunion, parce qu'il se trouvait alors à Majorque, est
maintenant un grand ami d'Alphonse XIII et même
son associé, car il a fait attribuer au roi de nombreuses actions d'autres affaires qu'il dirige.

Pour en revenir à la campagne sous-marine, je dois
dire que je courus le long de la côte en me cachant,
pour voir les gens qui pouvaient me donner des renseignements, et ce fut ainsi que je commençai à me
rendre compte de la conduite hypocrite et fourbe
du roi, que j'avais considéré jusque-là comme un

ami de la France, à cause des affirmations par trop superficielles de certains journaux de Paris.

Les douaniers espagnols qui gardaient le littoral de la Méditerranée, avaient l'ordre d'être aveugles, lorsqu'il s'agissait des Allemands. Les agents de ceux-ci circulaient, à leur gré, de côté et d'autre. Les germanophiles espagnols (dans tout village, il y en avait un groupe plus ou moins nombreux), favorisaient de tels manèges avec l'enthousiasme de gens qui se sentent à l'abri du danger. Je dus voyager dans mon propre pays, déguisé, et avec des précautions minutieuses pour ne pas être reconnu par les Allemands, qui, un an plus tôt, avaient organisé traîtreusement contre moi à Barcelone, une manifestation dont je n'avais pu me tirer que le revolver en main.

Les sous-marins germaniques ont donc eu leurs points d'attache sur la côte espagnole. Personne ne me l'a conté. Je peux l'assurer, car j'ai fait mon enquête moi-même.

A l'embouchure de l'Ebre se trouve un port oublié depuis longtemps, qui porte en catalan le nom de Port-Fangós (le Port fangeux). Personne ne se souvient plus de lui, bien qu'il ait beaucoup servi au moyen âge ; c'était de là que partaient les expéditions maritimes organisées par les rois d'Aragon. A Port-Fangós où ne viennent se réfugier que quelques barques de pêche, les sous-marins allemands entraient, comme s'ils étaient là chez eux, et ils allaient même jusqu'à faire de petites réparations au port. Ils fréquentaient également les îles Columbretas, en face de Castellón, et d'autres coins des côtes de la Catalogne et du pays de Valence presque oubliés, où les pêcheurs ne vont jamais que lorsqu'ils cherchent un refuge. Je me rappelle que certains journaux de Paris publièrent à plusieurs reprises des lettres de marins allemands adressées à des journaux de Berlin, où ceux-ci parlaient de leur campagne sous-marine le long des côtes d'Espagne et exprimaient leur joie d'être là comme chez eux, sûrs de n'avoir rien à craindre.

Sous tous les présidents du Conseil, les Allemands pouvaient continuer leurs agissements en Espagne librement, aussi bien sur mer que sur terre. Je puis rapporter un fait décisif que les amis d'Alphonse XIII n'ont pas mentionné et ne mentionneront jamais, et que pourtant ils avaient le devoir de ne point passer sous silence, si vraiment ils ont lu mon tract avant d'avoir la prétention de le réfuter. Je veux parler de la fameuse histoire de M. Polo de Bernabé, ambassadeur d'Espagne à Berlin.

Le gouvernement de conciliation nationale, constitué par tous les partis monarchistes de l'Espagne, justement irrité par le torpillage de vaisseaux dans les eaux espagnoles, envoya une note énergique au gouvernement allemand par l'entremise de l'ambassadeur nommé plus haut, mais celui-ci répondit qu'il ne voulait pas la remettre à Guillaume II, pour lui éviter une surprise désagréable. Et, quand le gouvernement voulut destituer ce fonctionnaire désobéissant, qui était plus au service de l'Allemagne qu'à celui de son pays, Alphonse XIII s'opposa à une pareille mesure, en disant que l'ambassadeur avait bien interprété sa volonté. Pourquoi donc ne répondent-ils rien à ce sujet, ceux qui tentent de nous représenter Alphonse XIII comme un sauveur de la France, uniquement parce qu'il a laissé son pays fabriquer, faire du commerce et s'enrichir, comme les autres pays neutres de l'Europe ?

Enfin, ce respectable général, en se basant sur les renseignements qui lui ont été fournis peut-être par les amis du roi, affirme dans son interview, et il voit là une preuve irréfutable de l'innocence d'Alphonse XIII, — que l'on ne trouva sur les plages espagnoles pendant la guerre que treize cadavres de marins alliés. En tenant compte du peu de chose que sont treize marins par rapport à l'équipage d'un seul vaisseau, il faudra admettre, pour être d'accord avec cette statistique, que les Allemands n'ont coulé que le quart d'un vapeur.

Je crois que le susdit général n'a pas dû vouloir dire dans son interview que les sous-marins allemands n'avaient tué pendant la guerre que treize marins alliés. Du reste, dans mon pamphlet, je parle non seulement de marins, mais encore de passagers torpillés.

D'ailleurs, laissons tout cela, général : même s'il n'avait péri qu'un seul marin français, rien qu'un, entendez-vous, victime d'un sous-marin allemand, ne croyez-vous pas que, si ce marin ressuscitait, il trouverait un peu étrange que certains de ses compatriotes ergotent sur le nombre plus ou moins grand des victimes, pour diminuer l'importance de la guerre sous-marine favorisée par Alphonse XIII ?

Avril 1925.

TABLE DES MATIÈRES

E. GREVIN — IMPRIMERIE DE LAGNY — 6-25.